Erich Fromm

论不服从

On Disobedience and Other Essays

〔美〕艾里希·弗洛姆 著
叶安宁 译

上海译文出版社

图书在版编目(CIP)数据
论不服从/(美)艾里希·弗洛姆(Erich Fromm)著;叶安宁译.
—上海:上海译文出版社,2017.5(2024.9重印)
(弗洛姆作品系列)
书名原文:On Disobedience and Other Essays
ISBN 978-7-5327-7406-7

Ⅰ.①论… Ⅱ.①艾… ②叶… Ⅲ.①社会哲学-文集
Ⅳ.①B0-53
中国版本图书馆CIP数据核字(2016)第269355号

图字:09-2017-188号

论不服从
〔美〕艾里希·弗洛姆 著 叶安宁 译
特约策划/何家炜 责任编辑/范炜炜 装帧设计/汪佳诗

上海译文出版社有限公司出版、发行
网址:www.yiwen.com.cn
201101 上海市闵行区号景路159弄B座
山东临沂新华印刷物流集团有限责任公司印刷

开本 890×1240 1/32 印张4.5 插页2 字数115,000
2017年5月第1版 2024年9月第10次印刷

ISBN 978-7-5327-7406-7/B·434
定价:38.00元

如有质量问题,请与承印厂质量科联系 电话:0539-2925659

目　录

序言　……001

第一章　价值观、心理学与人类生存之道……001

第二章　作为心理和道德问题的不服从……016

第三章　人本主义精神分析之于马克思理论的应用……024

第四章　先知与祭司……043

第五章　以人为重……061

第六章　人本主义的社会主义……078

第七章　保证最低收入的心理层面分析……094

第八章　单边裁军问题……105

第九章　老年的心理问题……123

序　言

在本文集中，艾里希·弗洛姆清楚说明了“服从”和“不服从”究竟意味什么——服从人性和人道社会的目标，不服从各种偶像。他的论述至今仍有相关意义。反对盲从因袭，对司空见惯的“陋识”部分持批判的立场，依然应该是我们的主要宗旨。

结合社会和政治现象所获得的心理学的洞见，促使弗洛姆在一段时期内支持美国社会党，投身和平运动，呼吁采取裁军步骤。在这些活动中，他对各类人云亦云的“常识”以及官方的政治话语实践了他的不服从态度，他所服从的是心智健全的思考方式，与阿尔贝特·施韦泽、伯特兰·罗素等先知哲人们秉持的理念一脉相承。

本文集中所有的文字均曾在书和期刊中发表过。我们首次将这些文字汇编成册；艾里希·弗洛姆对和平和人类生存的殷忧和热忱跃然纸上。

在此我谨向襄助本书出版的所有人士致谢。

安妮丝·弗洛姆

1981 年于瑞士洛迦诺

第一章　价值观、心理学与人类生存之道

本文论点旨在说明价值观之根乃深植于人类自身所处的生存条件；对这些处境的认识，即对“人类状态”的认识，使我们树立起客观、真实、有效的价值观；价值观的真实有效性因人的存在而存在；离开了人，则无价值观可言。人的本性是什么？人类生存的特定条件是什么？哪些需求是根植于这些条件中的？

人类从最初与大自然浑然一体的状态中分离出来，亦即告别了那种动物生存的特性。是时人具备了理性和想象力，意识到自身的孤立和分离，感受到自身的无力和无知以及生死无常。一个人倘使不能与他人建立一种全新关系，以取代之前凭本能调节的关系，便一刻也无法在这种状况下生存。即便所有的生理需求都得以满足，孤独和个体化的状态仍像牢狱般禁锢着人；人必须摆脱这种状态才能维持心智健全。事实上，精神失常者是那种完全无法与他人建立任何联结关系的人——他们并没有身陷囹圄，却将自己囚禁了起来。人类维持心智健全的必要条件，是其必须与其他生物在一个共同体中生活，与他们发生关联。在构成人类各式各样密切关系的所有现象背后，在以爱这个词最宽泛的释义为代表的一切激情背后，我们都能看到这种需求。

有几种途径可以寻求和实现这种联结关系。人可以尝试以委

从的方式使自己融入与世界的关系，如委从于某个个人、群体、机构、上帝。通过这种途径，人便超越了个体生存中的分离感，将“小我”化身于比自己更大的人或事的一部分，将自己的身份与委从对象所具有的能力联系起来。另一种克服分离感的方式恰与上述相反。人可以尝试对世界施加其**影响力**而与之发生关联，即让别人成为自己的一部分，通过支配来超越个体生存的局限。

无论委从还是支配，其共同要素是他们产生的关联有一种共生的性质。相关双方都失去了各自的完整和自由；这是一种互为依靠、互为制约的形态，双方满足了向往密切关系的渴望，却又会因内力和自主力的缺失而感到痛苦——内力和自主力必须以自由和独立为前提；此外这种相互依靠注定会使双方有意或无意地酿就敌意而时常威胁到关系的本身。委从的（受虐的）或支配的（施虐的）情感即便得以实现，也不能最终修成满意的善果。这是一种自驱的动力，因为再多的委从或支配（或占有，或声名）也无法提供足够的身份认同与关联感，于是人们就会永无止境地追求。这些情感的最终结果是两败俱伤，看不到其他出路。虽说这些情感旨在建立某种关联感，但它们破坏了个人的完整性：一个人，无论是受委从还是支配的情感驱动，实际上都变得必须依存于他人；人本应致力谋求个人发展的，现在变成了依赖于所委从的或所支配的人的存在。

只有一种情感，在满足人与世界关联之需要的同时仍能维持自己的完整与个性，这就是**爱**。**爱，是以保持个人自身的分离性和完整性为前提条件，**与本人以外的某人或某事发生关联。爱是一种分担和共享的体验，允许个人内心活动的充分展开。爱的体验摒弃了幻想的作用。我们毋须夸大他人的形象，也毋须夸大自己的形象，因为主动分享和主动去爱这种真实感，使我在超越个体生存局限的同时体验了我本身具有的主动力——爱的行为即由这种主动力构成。对爱的行为而言，重要的是它特殊的**品质**，而非它的对象。爱，存在于人类大团结的联谊之爱、男女情欲之爱、母亲对子女之爱，以及作为人类成员的自爱；爱存在于联结关系的神秘体验。在爱的行为里，我一个人爱着不同的对象，但我仍是我自己，一个唯一的、独立的、局限的、终有一死的人。爱，在分离与联结的两极之间生生不息，此非虚言。

另一种与关联需求密不可分的人类状态，是人作为一种**创造物**的存在，及其具有**超越**这种被动的创造物状态的需求。每个人降临这个世界，都既未征得自身的同意，又非出于自身的意愿。从这个意义上说，其与动物植物乃至无机物毫无二致。然而人一旦被赋予了理性和想象力，就无法满足于扮演这类创造物固有的被动角色，无法忍受自己像从杯子里掷出的骰子。人被一种动力驱使着去超越这类创造物的角色，超越其存在的偶然性和被动性，人要自己成为一个“创造者”。

人能够创造生命。这的确是与其他活着的生物共享的神奇特性，但人与其他生物的区别在于唯有人能够意识到自己既作为创造物存在，又作为创造者存在。人能够创造生命，或毋宁说女人能够创造生命：她诞下一个孩子，养育他 / 她，直到他 / 她成长到足以自己照顾自己的各项需求。人——无论男人女人——都可以创造，种植、制造物质用品、进行艺术创作、构想意念、和他人相爱。通过创造行为，人即超越了作为创造物的自我，将自己从充满被动性和偶然性的存在中提升出来，进入一个具有生活目的和自由的王国。在这种超越需求的土壤里有许多根基，其中一条叫做“爱”，它与艺术、宗教，以及物质生产等其他根基并存。

创造，预设为一种活动和关心。它预设了创造者对创造物的爱。但倘若一个人没有创造的能力，没有爱的能力，又该如何解决超越自我的难题？**另有一条蹊径通向超越的需求：如果我不能创造生命，我就毁灭它。毁灭生命也会使我超越它。**诚然，人能够毁灭生命与其能够创造生命一样堪称奇迹般的技能，因为生命就是这个不可思议的奇迹**本身**。在毁灭的行为中，人将自己凌驾于生命之上，亦超越了作为创造物的自我。于是，就人受到超越需求的驱动而言，其终极选择不是去创造就是去毁灭，不是去爱就是去恨。那些意欲毁灭的巨大意志力——我们在人类历史上早有耳闻，在现实生活中亦骇然目睹——是根植在人的本性中的，正如创造的动力根植在人的本性中一样。我们说人类拥有开发爱和理性的主要潜能，这并不表明我们一味幼稚地相信人的良善。毁灭性是人的次要潜能，同样埋藏在人类生存之道的深处，并具有可与任何人类情感匹敌的烈度和能量。但是——这正是我论述的要点——毁灭性是创造性的**替代品**。创造与毁灭，爱与恨，这不是两种互不相干的本能。它们都是人类同一个超越需求的回应，当创造的意志不能满足时，毁灭的意志就占了上风。有所区别的是，以创造来满足超越需求予人幸福，而以毁灭来满足超越需求则令人痛苦——尤其令毁灭者本人痛苦。

人对生存状态还有第三方面的需求，那就是**根基**需求，人的诞生之日即从自然家园出发之旅的始点，亦即与自然纽带切割的始点。但这项切割本身令人心惊胆战：人一旦断了在自然的根，将向何处去？人又是谁？人独立遗世、无依无靠、无根无基；人难以承受这种绝缘与无助的处境。人会发疯失智。只有当重又续上新的人类之根，才能捐弃自然的根；只有当找到**人类**根基，才会感到再度回到世间的家园。如此看来，在未找到人类根基时在人身上体现的那种与自然关系难舍难分的强烈愿望，体现的那种千方百计阻止自己脱离自然、母亲、血缘和土地的抗争，又有什么不能理解的呢？

各类自然关系中最基本的，是孩子和母亲的关系。孩子的生命是在母亲子宫里孕育而成的，人类胎儿在母亲子宫里的孕育时间比绝大多数动物来得长；即便呱呱坠地，其在体能上那种无助和必须完全依赖母亲抚养的时间段亦比其他动物延续得更久。在生命的最初几年时间，孩子是不能与母亲全然分离的。其所有生理需求的满足，对温暖和关怀的重要需求，都来自母亲；母亲赋予孩子生命不仅仅在分娩那一刻，而是源源不断的。她对孩子的关爱丝毫不取决于孩子能为她做什么，不取决于孩子须尽何义务；她的关爱是无条件的。她关爱，因为这个新生物是她的孩子。在生命中关键的最初几年，这个孩子在母亲那里体验到的是生命的源泉，体验到的是全方位的保护和抚育的心力。母亲是食粮，是爱，是温暖，是大地。有了母亲的爱意味着孩子有了活力、有了根、有了家园。

正如分娩意味着离开全方位防护的子宫，成长则意味着离开母体的呵护范围。但抛开成人与幼儿的巨大差异不论，即便是成熟的成年人，亦有的从未完全停止眷恋那种存在于婴孩期的母体保护。成年人按说有能力立足于世，照顾自己甚至照顾他人，而幼儿尚无此能力。但考虑到成人生活中的困惑日益增多，我们的知识在本质上又是支离破碎的，成人的生存条件充满了意外，而且我们不可避免地屡屡犯错，因此成人的生存状况与幼儿相比，不见得如世人原先想象的那样有着天壤之别。每个成年人都需要帮助、温暖、保护，虽然与幼儿的需要在形式上不尽相同，却仍有诸多相似之处。故在普通的成年人身上，如果你发现其对安全和根基——一如母亲曾赋予的关系——怀有强烈的渴念时，难道会觉得奇怪么？除非找到其他生根之道，否则人不会放弃这种强烈的渴念，你难道会对此怀疑吗？

在精神病理学领域我们发现大量证据，证实这种拒绝离开母体全方位呵护范围的现象。最极端的形式中我们甚至发现有人渴望回到母亲子宫的例子。一个魂牵梦绕于这种欲望的人可能给人看到的是一幅精神分裂症的图景。这样的人感到自己像母亲子宫里的胎儿，并据此想象度日，以致无力承担连孩童都能完成的最基本的生活功能。在比较严重的神经官能症病例中，我们发现许多同样的渴求，但它的形式是某种压抑的欲念，这种欲念只有在梦境、症候以及病态的行为中才会显现；患者一方面对留在母亲子宫怀有深切的欲念，另一方面又想具备成人的性格并过上常人的生活，两者于是冲突而引发神经症。在梦境中，这种渴求表现为诸如身陷黑暗洞穴，或一个人在潜水艇里潜入深海等等。在这类患者的行为中，我们发现他们对生活怀有某种恐惧，而对死亡怀有某种执着的迷恋（死亡，在想入非非的意境里，代表了返回母亲子宫、返回大地）。

另外一些对母亲的固恋形式比上述症状轻缓，患者会假想地允许自己出生，但害怕过渡到出生后的下一步，即从母亲处断奶。停留于此阶段的人向往有一个母亲一样的人物对自己百般溺爱、扶植、保护；这些人终身都不能摆脱这种依赖。当这种母亲般的呵护消退时，他们就会惊恐，就会缺乏安全感；反之，当他们能感受到身边有一位关爱的母亲，或类似母亲的替身，无论是现实中的人物或是幻想中的人物，他们都能变得积极乐观起来。

存活是一个不断重生的过程。对我们大部分人来说，生活的悲剧在于我们还没有充分地完成出生这个过程，就已经走到了生命的尽头。出生，在这个意义上，不单指**离开**母亲子宫、膝头、手等等，而是指一个人独立**进入**主动和创造的状态。就像婴儿在剪断脐带后必须自主呼吸，人在出生后的每时每刻也都必须处于主动和创造的状态。一个人直到重新找到安身立命的根基，才充分完成了出生的过程；这种安身立命的根基建立在其与世界的一种创造性的关联中，建立在其后体验到的与全人类和一切生灵的休戚相关的结合里。从**被动地**生根在自然和母亲的子宫里，人又再次生根——这次是主动地、创造性地和所有生命结合在一起。

第四，人需要有一种**身份认同感**。人是这样一种动物：会说“我”，会意识到自己是一个单独的实体。尚未与大自然分离、尚未超越自然的动物则不具备这种意识，它没有身份认同的需求。脱离了自然状态的人，被赋予了理性和想象力的人，便需要形成一个关于自身的概念，需要表达、需要感觉“我即是我”。因为人不是**被动地**生活，而是**主动地**生活；因为人已经扯断了与自然一体的原始纽带，得自行作出各种决定，了解自己和邻居是不同的人，必须清醒意识到自己是行为的主体。与前述的关联需求、根基需求、超越需求一样，这种身份认同感的需求亦如此重要和不可或缺，如果一个人不能以某种方式满足这种需求，同样不能维持健全的心智。人类在与母亲、与自然切断“原始联结”过程中，即培养起自己的身份认同感。婴儿尚不能脱离母亲，尚无法说“我”，因而也未显现此项需求。只有当人构想出自己与外部世界是两两独立存在的时候，才具备区分自己与他人的意识；在牙牙学语的过程中，一般人总是最后才学会以“我”这个词来指代自己。

在整个**人类**种族的发展中，人对独立自我的意识程度取决于其与所在部落的分离程度以及个性化过程的推进程度。原始部落成员可能以一种“我即是我们”的公式来表达其身份认同感，尚不能以“个人”来构想自身，即无法构想自己独立于部落而存在。在中世纪，个人身份的认同即他在封建等级制度里被赋予的社会角色。农民并不是一个恰巧当了农民的人，领主也并非恰巧当了领主。他**生来就是**一个农民或一个领主，不可变更的社会地位的意识成为一个人的身份认同感的主要部分。在封建制度瓦解的年代，这种身份归属感发生动摇，人们遂发出“我是谁”之诘问，或更确切的提法是，“我如何才能知道我即是我？”这个问题与勒内·笛卡儿以哲学形式所提的问题有异曲同工之妙。笛卡儿是这样回答对身份的探索的：“我疑，故我思；我思，故我在。”但这一回答将全部分量都压在了“我”作为体验我的思考活动的主体，而没有顾及到“我”在感受和创造行为过程中亦是被体验的客体。

西方文化的发展导向是这样的：创立基础让每个人都能充分体验其个性。人们通过使个人获得政治和经济上的自由，通过教育其独立思考而非盲从某种权威的压力，寄望其能以这样一种方式感受“我”的存在，即自己本人是其所有能量产生的中心和活跃的主体，并时刻体验到这种状态。但是真正实现了这种关于“我”的崭新体验的人仍在少数。对大多数人而言，个人主义仅是一个冠冕堂皇的门面，它的背后仍隐藏着无法获得身份认同感的失落。

人们不断寻觅并且的确发现了不少真实个人身份认同的替代品。民族、宗教、阶级、职业，这些都能用以填补某种身份认同之需。“我是美国人。”“我是清教徒。”“我是商人。”这类表明身份的套语有助于人们体验身份认同感——其所处的原始部落身份已经消失，而一种真实个人身份认同感尚未获得。当今社会这些五花八门的身份使用通常并行不悖。它们在一个非常宽泛的意义上可称作地位型身份认同，若与旧有封建世袭残余混合使用，这种身份认同还要有效得多，一如我们在欧洲诸国见到的情形。在美国，封建的遗迹几乎可以忽略不计，社会流动性又如此深入人心，这类地位型的身份认同则自然积弱一些，而人们将身份认同感越来越多地转移到了对从众的体验上。

就我不愿显得与众不同这种情况，就我希望和其他人一样、并希望其他人也把我看作一个“常人”的情况，我亦感受自己是一个“我”。我是那个“如你所愿”的人——就像皮兰德娄（Pirandello）的一出剧目。这种从众与先于个人主义出现的部落认知有异，它是一种全新的群体身份认知。在这里，身份认同感融入一种无可置疑的群体归属感中。其实，这种统一和从众往往不能立刻被辨识出来，它们仍裹着个人主义的光晕，但它们的存在是不争的事实。

身份认同感的问题并非人们通常理解的那样属于哲学问题范畴，它也不是一个仅与我们的心智和思维有关的问题。身份认同感的需求来自人类当下经历的生存状态中，它是人们生活奋斗的最强悍的动力来源。正因我必须感到“我”的存在才能清醒地生活下去，于是我被驱动着竭尽全力维持这种感觉。在对地位和从众归属那种强烈情感的背后，我们可以看到这种需求的代价，它有时比肉身的存活更重要。有目共睹的事实是一些人甘冒生命危险、忍受爱的别离、牺牲个人自由、舍弃一己念想，目的就是为了使自己成为那个群体的一员，完成这个服从的行为，以此换取一种身份认同感，哪怕这种感觉有如海市蜃楼。

人具有理性和想象力，这个事实使其除了具有自身的身份认同感之外，还能**在外部世界通过智性来为自己定向**。这种需求可以和婴孩出世头几年对物体方位的不断认识作一个比较。一旦孩童自己能走来走去，会触摸和把玩物品，知道这些物品都是些什么，这个过程才告完成。但人获得了行走和说话等能力后，只完成了定向的第一步。人会发现周遭诸多现象令自己困惑不解，因此必须借助理性来找到它们的意义所在，也就是将它们置入某种自己能理解的语境中，运用自己的思维能力去应付这些现象。人的理性越强，定向系统就越发达，亦即是说就越接近真实的世界。但即使人的定向构设完全属于虚妄之念，也能使其描绘出一幅在自己看来意义十足的情景。如相信某个动物图腾的魅力，或相信某位雨神，或相信其种族的优越性和天命，这些都能满足其对于某种定向构设的需求。很显然，人眼中的世界情景取决于人的理性和知识所到达的深度。虽然从生物学角度看，人类在几千年的代际繁衍中，其大脑运用能力并无明显差异，但经过漫长的进化过程，人终于获得一种**客观的认知能力**：即是说，人运用感官所看到的世界、自然、他人和自我都是真实的，而不是被欲念和恐惧扭曲了的东西。人越开拓这种客观认知能力，就越接近现实，因而也更趋成熟，更能创建一个美好家园，并在这个家园中自由自在地生活。理性（reason）的功能是人运用思想去**领悟**世界；理性与智力（intelligence）不同，智力是人借助思想来**操控**世界的能力。理性是人求真的工具，智力则是人更为巧妙成功地处理世事的工具。理性主要体现于人性本身，而智力则兼而显示人身上的动物本能。

理性这一能力必须磨砺方能成长，而且它是不可分割的整体。我是说客观认知能力不但涉及对自然的认知，亦涉及对人、对社会和自我的认知。如果一个人对生活的某一部分抱有幻想，其理性能力就会受到限制或破坏，因而理性于整个生活其他部分的运用亦受掣肘。在这个意义上，理性与爱相仿：爱是一种关涉全体对象的取向，那种局限于单一对象的爱与真正的爱是不兼容的；理性亦然，这一人类能力必须包括其所面对的完整世界。

定向需求存在于两个层面：第一层面即较为基础层面上的需求，只是拟定**某种**框架，不论其真伪。如果人不能在主观上满足其对定向的需要，人就活得浑浑噩噩。在第二层面，定向需要通过理性与现实衔接，它要求人们客观地领悟世界。但一个人理性发展的需求不如拟定某种框架这般迫切，因为对于人而言，后一种情况危及的是幸福和安心，而非头脑清醒。如果仔细研究一下使事情**合理化**的功用，就可以更明白这个道理：一个行为，不论它多么乖悖或缺德，人总有一种难以抑制的冲动要使它听上去合理，也就是说，人得向自己和别人证明，自己的行为决定符合智性、常识，或至少符合传统品行。一方面人对行不合理之事本身无所顾忌，但另一方面又非常介意这一行为不能披上一件合理动机的外衣。

如果人只有知识没有情感，则仅靠一个完备的思维系统也能够达到其生活目标。但人被赋予的是一具灵肉俱全的真身，所以对生存反应必须是二重的，不仅在思维系统中要做出反应，而且对生活的全部过程，对情感和行为也要有反应。由是，任何定向系统的满足都须包含理智和情感的双重因素，而情感因素正是通过人与所奉献的对象之间的关系来体现的。

人既需要一个定向系统，又需要一个奉献的对象，对这两种诉求之回应无论在内容上还是形式上都是大异其趣的。就系统而言，有泛灵论和图腾崇拜等原始系统，假借自然之物或祖先来回应人类追寻生存意义的诉求；又有非一神论系统，如佛教，虽常冠以宗教之名，但在他们的最初形式里并无神的概念；也有纯粹的哲学系统，如斯多葛禁欲主义；还有一神论宗教系统，构想出一个神来回应人类追寻生存意义的诉求。

不论这些系统内容为何物，促使它们应运而生的是人的一种需求，即不仅需要一个思维系统，而且需要有一个奉献对象来印证其生存意义，并赋予其在世界上的位置。只有对林林总总的宗教形式进行分析，我们才能看出哪一套系统对于人追寻生存意义的诉求和奉献来说是比较好的或是比较差的解决方案，这里所谓“比较好”或“比较差”，永远是基于人性的立场和人类的发展来考量的。

在讨论人因生存之道而引发的各种需求时，我试图指出这些需求必须以这种或那种方式来得到满足，以保证一个人的身心健全。但满足每一种需求的途径不止一条。满足这些需求的各种途径之间的差异即是人类发展的适当性的差异。关联需求可以经由委从或支配实现，但唯有爱才能使人的另一种需求——人格独立和完整——同时得到满足。超越需求可以经由创造或毁灭实现，但唯有创造使人感到愉悦，毁灭只会给自己和他人带来痛苦。根基需求可以逆向获得，即对自然和母体的固恋；也可以正向地获得，即与他人组成新的统一联合体而绽放生命。后一种方式亦是唯一保存个性和完整的方式。定向需求可以是非理性或理性的，只有理性的途径方能为完整人格的成长与开拓打下基础。最后，身份认同感可以在与自然和部落的关系中获得，可以通过顺应一个群体来获得，或者从另一方面，通过对自我进行全面的、创造性的提升来获得。同样，只有后者才能给人带来愉悦和力量。

不同途径的差异反映了精神健康人士和精神病患之间的差异，亦反映了痛苦和愉悦、停滞和成长，以及生死、善恶之间的差异。所有被视作善的行为有一个共同点，它们与生命的本质是一致的，即不断成长和壮大。所有被视作恶的行为亦有其共同点，它们与生命的本质是相悖的，停滞萎缩直至死亡。的确，人甫降临世间，生活就出了一道人类生存方式的难题。人毕生的每时每刻都在对此问题作答。人必须作答，不仅仅是神智或躯体，而是这个真实的人——手足、眼睛、肠胃、头脑、感情，实实在在的整个的人，而不是幻想中的或抽象意义的人。对于生存方式这个问题的答案其实是有限的。这些答案，我们从有史以来最原始到最复杂的宗教中都可以找到，从形形色色最健全到最分裂的人物性格中也可以找到。

之前的论述中我大略勾勒出这些不同答案的轮廓，隐含着每个人都以其一己之身象征着人性的加总及其进化。我们可以找到代表历史上最原始阶段的人类的例子，也可以找到代表从今往后千年以远的人类的例子。

我说过，那种符合真实的人类生存之道的生活便是对人类精神健康有裨益的。吊诡的是人们总是从消极的意义而非积极的意义去理解精神健康：他们认为精神健康只是**免于罹患病疾，而不会想到它体现的是一种安乐福祉**（well-being）。事实上在精神病学和心理学的文献中鲜有关于构成安乐福祉条件的讨论。

我将安乐福祉描述成一种**能够创造的能力**，一种**有意识的能力**，一种**会作出反应的能力**；这种能力使人独立自主，并进入一种完全活跃的状态；达到天人合一的境界本身也是安乐福祉的明证。安乐福祉关心的是“**是**什么”，而不是“**有**什么”；它体验的愉悦发生在活着这个行为本身，它将创造性地生活视作生命的唯一意义。安乐福祉不是存在于一个人**头脑中**的臆想，而是通过人的整个身体展现出的状态，包括走路的姿势、说话的语气、肌肉的张弛等等。

诚然，任何人想臻此状态势必先得与许多现代主流文化作一番抗衡。我简单举两个例子。其一是**思维能力与自觉感情之间的分裂**，这一观念从笛卡儿到弗洛伊德都大为流行。这套学说的整个发展（其中固然也有例外）的一个前提是：只有思维能力是理性的，自觉感情在本质上是非理性的。弗洛伊德将此推断诠释得极为露骨，他认为爱在本质上是神经质的、幼稚的、无理的。他的任务就是帮助人们用思维能力成功控制非理性的感情；或引他自己的话，“哪里有本我，哪里必须有自我。”但这套将思维和感情强行分离的教义并不符合人类本质的现实，它对人类发展起的是破坏作用。我们应该克服二者割裂的概念，在人的身上重建二者的原始统一，并认识到思维和感情、灵与肉的割裂其实正是我们主观臆断的结果，与人类现实不符；倘使我们不能做到这些，我们就无法全面理解人类，也不能达成安乐福祉之要旨。

另一个妨碍我们获得安乐福祉的屏障深藏在现代社会的风气里，这就是人从高尚地位的向下贬黜。十九世纪告诉我们“上帝死了”；二十世纪告诉我们“人死了”。手段变成了目的，物质的生产和消费变成了生活的目标，而生活本身退居从属地位。我们生产出来的物品如人般活灵活现，而生产出来的人却如物品般死气沉沉。人已经将自己转化成了某种用具，顶礼膜拜经自己双手制造的产品。人从自我异化，倒退为盲目崇拜，即便顶着上帝之名。爱默生看到了这一点，他说：“用具端坐于鞍，鞭笞人类疾行。”如今不少人对此已有所觉察。安乐福祉的实现只有一个条件：**使人回到马鞍上**。

第二章　作为心理和道德问题的不服从

几个世纪以来，国王、祭司、封建领主、行业工头、家长，无不强调**服从是一项美德，不服从是一项恶行**。为了引入另一个观点，我们先设一个与上述相对的表述：**人类历史是自一项不服从行为开始的，但它却有可能以一项服从行为结束。**

根据希伯来和希腊神话，一项不服从行为开启了人类历史：生活在伊甸园的亚当和夏娃初时与自然合为一体，和谐共处，并未对其超越。他们在自然中有如胎儿在母体的子宫里。他们既是人，又尚未全然成人。所有这一切的改变只因他们一项不服从命令的行为。在打破与大地和母亲的关联中，在割断了脐带后，人类从"前人类"的和谐中脱胎，得以迈出独立和自由的第一步。不服从行为使亚当和夏娃挣脱束缚，睁开双眼。他们像陌生人那样重新认识对方，外面的世界在他们眼中因此也变得陌生，甚至充满敌意。他们的不服从行为扯断了与自然的初始连结，俾其成为独立的个人。"原罪"不但没有使人堕落，反而使其获得了自由；它是历史之肇端。人必须走出伊甸园，目的是学会依赖自身的能力，做一个完整的人。

先知们秉持救世观念，证实了人之不服从是正确选择：人没有因其"原罪"而坠入深渊，相反，人从之前懵懂的和谐的藩篱中挣脱了出来。对先知们而言，**历史**是一个地点，是人始为人之滥觞。彼处出发一路走来，人日益培养着理性能力和爱的能力，直至有一天创造出一个全新的和谐世界，人和自己的同类、人和自然和谐地生活其间。这一新和谐被描述为“末世”（the end of days）——历史的这一阶段中人与人、人与自然和平共处。这是一片由人自己一手建立的“新天堂”，人不需要借助外力来实现，盖因其已承受了不服从的后果而被迫离开了“旧天堂”。

一如希伯来神话中的亚当夏娃，希腊神话的普罗米修斯亦视人类文明肇始自一项不服从行为。普罗米修斯从诸神处盗取了火种，由是奠定了人类进化之基石。倘若没有普罗米修斯盗火的“罪行”，人类历史就无法书写。普罗米修斯和亚当夏娃一样，因不服从而受到惩罚。但他没有后悔，没有要求宽恕，相反他自豪地宣称，“我宁被铁链锁在悬崖上，也不做诸神驯服的仆人。”

人类在他的不服从行为中不断得以演进。不论他们以良心或是信仰的名义，正因为有了这些敢于对权势说不的人，人类的精神方能得到发展；不唯如此，人类的智力发展也有赖于他们不服从的能力——不服从那些企图钳制新思想的权威，以及那些在其固有观念中视任何改革为异端邪说的主流观点。

若不服从行为构成了人类历史的开端，则服从行为颇有可能，如我所言，为人类历史画上句号——这并非象征意义上或诗意上的表述。人类将毁灭文明，甚至在五到十年间毁灭地球上所有生命，此举不仅存在可能性，而且有着相当的概率。此言听来不合理智，匪夷所思。但事实是，我们在技术上已经生活在原子能的时代了，而大部分人，包括大部分大权在握的人，情感上却仍生活在石器时代。一方面，我们的数学、天文学以及诸种自然科学都进入了二十世纪的发展；另一方面，我们大部分人头脑中的政治、国家和社会观念远远跟不上科学发展的步伐。如果人类会自我灭绝，那是因为人们会服从那些命令他们开启死亡按钮的人物，是因为人们会服从恐惧、仇恨、贪婪这些远古就有的情绪，是因为人们会服从国家主权和民族荣誉等陈词滥调。尽管苏联领导人热衷谈论革命，我们在“自由世界”的人则热衷谈论自由，但是他们和我们都同样不鼓励不服从，只不过苏联是通过武力明目张胆地阻挠，而“自由世界”里的阻挠则隐晦得多，用的是循循善诱的规劝。

当然我并不是说所有不服从都是美德而所有服从都是祸害。那是罔顾服从与不服从之间辩证关系的观点。每当一些引起服从的原则和一些引起不服从的原则之间产生不可调和的矛盾时，对一项原则的服从行为本身必然构成对它的对立原则的不服从，反之亦然。安提戈涅是这种两分法的一个经典例子。如果她服从最高统治者不人道的律法，就必然违背人道的律法；如果她服从了后者，她又触犯了前者。所有宗教信仰的殉道者，以及自由卫士和科学卫士，都是为了服从自己的良心、人道的律法、理性的召唤，而去不服从压制他们的天条。如果一个人只知服从而不知不服从，这是一个奴隶；如果一个人只知不服从而不知服从，这是一个暴民（而非革命者）——其不服从行为只是出自愤懑、失望、怨怼，而不是出自信念或原则。

为防止词语产生歧义，我们有必要对两种“服从”的实质进行甄别。对他人、机构或权力的服从——非自主性服从——是一种屈服行为；它暗含我放弃了自主权，在应由我实施意志或判断的地方接受一个我之外的人物替我实施意志或判断。而对自身理性或信念的服从——自主性服从——则不是一种屈服行为，而是一种肯定行为。如果我的信念和判断真正发自内心，它就是我整个人的一部分。如果我遵循这些信念和判断而非他人的主张，我就是我自己；此处**服从**这个词仅作喻说之用，与前述之“非自主性服从”有着天渊之别。

除了上述区分，仍有两个概念需作进一步的说明，其一是良心的概念，其二是权威的概念。

被用**良心**这个词来解释的两种现象亦有着泾渭之别。一种现象称为“权威主义良心”，指的是我们如此热切地要取悦于某种权威，害怕惹怒这种权威，而将这种权威的声音内化了。大部分人在服从自己良心时体验到的都属于这种权威主义良心。这与弗洛伊德提及的良心是同一概念，弗洛伊德称之为“超我”。这一“超我”的代表是儿子出于惧怕而接受父亲的种种命令和禁忌并使之内化。与这种权威主义良心不同，另一种现象称为“人本主义良心”，它指的是呈现在每个人类一员心中的声音，独立于外部的奖惩而存在。人本主义良心基于这样一个事实，即人具有一种本能的认识，知晓何为人道、何为非人道，知晓什么能使人生丰富，什么能使人生枯萎。这一种良心所起的作用是使人之为人。它的声音召唤我们坚守自身的人性。

权威主义良心（超我）尽管已经完成了权力影响的内化，但我所服从的依然是自身之外的权力。在意识层面，我相信自己追随的是我的良心，但实际上，我接受的只是**权力**的信条；由于人本主义良心和“超我”很难分清，经过内化的权威的效用比起那种一眼就看出属于外在的权威的效用要大得多。对“权威主义良心”的服从，与所有对外部观念和权力的服从一样，都会弱化“人本主义良心”部分，而后者体现的正是坚守自我和自我判断的能力。

另一方面，服从他人是否就构成事实上的屈从，这也是值得深究的；它的区别取决于这个“他人”代表的是“理性的”权威还是“非理性的”权威。理性权威的一个例子是师生关系；非理性权威的一个例子是主奴关系。这两种关系都建立在一方须接受另一方指令的基础上，但从动因看，这两种关系分属不同的性质。师生之间的利益，在理想的情况下，是完全一致的。教师能从学生的进步中得到满足；学生如果不及格，则不单是学生的失败，亦是教师的失败。反观奴隶主和奴隶的关系，奴隶主想的是如何剥削奴隶，从奴隶身上获得越多就越满足；而奴隶则尽其可能保护自己的诉求以得到最低限度的幸福。主奴之间的利益是对抗的，于一方有利的必然于另一方不利。这两个例子中，一方之于另一方的优势所承担的功能不可同日而语。在第一个例子中它是使服从方进步的条件，而在第二个例子中它成了服从方被剥削利用的原因。与此平行的另一个区别是：理性的权威之所以理性，因为代表这一权威者——无论是教师或是在紧急事故中发出指令的船长——都在按普遍适用的理性行事，所以我接受他们的指令并不需要抛弃自己的准则。而非理性的权威不得不采取武力或暗示的手段，因为按普适的理性，一个自由人是不愿意被他人剥削利用的。

为什么人总是倾向于服从，为什么人觉得不服从举步维艰？因为一旦我服从了国家、教会、舆论等形成的权势，我就会有受保护的安全感。其实，我服从什么样的权势对我的服从行为而言几乎没有太大差别。它们常以机构或人的面目出现，运用不同形式的外力，并带有欺骗性地宣称它们是无所不在、无所不能的。我的服从行为使我成为这一受膜拜力量的一分子，于是我也变得强大起来。我不会出错，因为这个权势替我作了主。我不会孤独，因为这个权势高高在上地庇护着我。我不会犯罪，因为这个权势不允许我犯罪；即便是犯罪，惩罚也不过是再循路靠回这个全能的权势而已。

为了不服从，一个人须有勇气忍受孤独、忍受愆误、忍受罪咎。但仅有勇气尚不足够。一个人的勇气来自其发展水平。只有当一个人脱离了母亲的裙兜和父亲的指令时，只有当人独立为一个完全成熟的个体并拥有了自我思考和感受的能力时，才具备真正的勇气不服从权势，对权势说“不”。

通过学会向权势说“不”这样的不服从行为，人会成为一个自由的人。具备不服从的能力的确是使人获得自由的一项条件，但反过来，自由亦是使人敢于施行不服从行为的一项条件。如果顾忌自由，我就不敢说“不”，我就没有勇气公然不服从。其实，自由和不服从的能力是不可分割的两部分；因此，任何社会制度、政治制度、宗教制度，如果口口声声宣称拥护自由，但却处处压制不服从行为，它说的就不是真话。

对权势说“不”的不服从行为还会遭遇另一大障碍。在人类历史的大部分时期，服从都被视为美德，而不服从被视为恶行。

道理很简单：迄今为止大部分时期都是少数人在施行对多数人的统治。这种统治造成的事实必然是，生活中的精华物质只够少数人享用，多数人则分得剩余的碎屑。如果少数人欲维持对精华物质的占用，并使多数人为少数人工作和提供服务，有一个条件是必不可少的：多数人必须学会服从。诚然，服从可以通过纯粹的武力来建立，但动用武力有很多不利因素。有朝一日多数人亦可能找到采用武力推翻少数人统治的手段，这对统治者构成一种常在威胁；再者，若服从的背后完全由恐惧主宰，很多事情是难以妥善完成的。正因如此，由武力威慑而形成的服从性就有必要转换成人们发自内心的服从性。人不再因恐惧而服从，而怀着一种服从的愿望，甚至有一种服从的需求。为达此目标，权势必须使自己看上去具备一种全善、全智、全知的特质。这一切营造起来后，权势便能宣扬不服从是一种罪恶、服从是一种懿德；一旦这种观念广而告之，多数人便也欣然接受了服从性而鄙视不服从性，因为这是在趋利避害，而且他们不必再为自己不作为的懦弱自责。自路德至十九世纪，人们对光天化日之下的权贵势力比较有忧患意识。路德、教皇、国君，一心要维护权贵势力，而中产阶级、工人、哲学家则想方设法铲除它们。对权力的反抗，不论在国家层面还是在家庭层面，都常会成为一个人培养其独立和勇敢的基础。对权力的反抗，知性的态度亦是不可或缺的，它的代表是那些具有启蒙精神的哲学家和科学家。“批判的态度”是某种对理性的信仰，同时它对基于传统、迷信、习俗、权势认可的每一件事都审以怀疑的目光。“勇于求知”（sapere aude）和“怀疑一切”（de omnibus est dubitandum）都是鼓励培养说“不”的能力的典型态度。

阿道夫·艾希曼[①]的耶路撒冷受审案在我们这个讨论话题的情境中所赋予的象征意义，其重要性远远超出了法庭判决本身。艾希曼是一个“组织”人（organization man）的代表，是一个异化的官僚，对他而言，男女老少仅仅是一串数字。他是我们所有人的一个象征。我们可以从艾希曼身上看到自己的影子。而这个案件中最令人震撼的部分莫过于他当庭供认他的全部行径后，居然还能够言之凿凿地为自己作无罪辩护。很明显，如果他再次置于同样的情境中，还会犯下同样的罪行。我们也会——我们正是这么做的。

“组织”人早已丧失了不服从的能力，他甚至都不会意识到自己正在服从的事实。从目前这个历史节点看，人类究竟是否有未来，文明究竟是否会终结，端赖我们是否能秉持怀疑的能力、批判的能力和不服从的能力。

① 阿道夫·艾希曼（Adolf Eichmann，1906—1962），纳粹德国高官，犹太人大屠杀的主要负责者。1961年2月于耶路撒冷受审，对其犯罪指控均回复以“一切都是依命令行事”。——译者

第三章　人本主义精神分析之于马克思理论的应用

马克思主义是人本主义（humanism），它的宗旨是将人的潜力充分发挥出来——不是凭感觉或意识推论得出的人，而是体魄和魂魄兼具的现实的人，生活在复杂的社会环境里而非真空中，须生产方能生存。马克思理论关注的正是这种完整的人，包括人的意识，它使马克思的“唯物主义”有别于黑格尔的唯心主义，也有别于经济主义论加机械论那一类扭曲了马克思主义的学说。马克思的伟大成就在于放开了适用于人的经济和哲学范畴，一改原先涉及人时抽象和异化的表述，将哲学和经济学诉诸具体人身（ad hominem）。马克思学说的出发点是人，他的目标是使人摆脱物质利益的支配控制，使人逃离由协定和契约构成的围住自己的狱墙。如果人们不理解马克思的这一观点，他们就永远无法理解马克思理论，也无法理解那些号称实践马克思理论的人对此学说所做的篡改。即便马克思的主要著作冠以《资本论》的标题，这本书也只是他总体研究中的一个台阶，下一步则是他的哲学历史。对马克思而言，资本的研究是一项批判工具，用来理解大工业社会中人的“有缺陷的”（crippled）状态。假设马克思最终写出一部《资本论》仅为其中一个研究步骤的书，这一鸿篇巨制的名字很可能叫做《论人与社会》。

不论作为“青年马克思”，还是作为《资本论》的作者，马克思的著述充满了心理学上的概念，一些比较重要的如“人的本质”、“有缺陷的人”、人的“异化”、人的“意识”、人的“激情奋争”、人的“独立”等等。但马克思与亚里士多德和斯宾诺莎不同，后两者的伦理学是建立在一套系统的心理学基础上的，而马克思的著述几乎不涉及心理学的理论。除了区分恒定的驱动力（如饥渴、性欲）和由社会产生的应变驱动力等个别术语外，我们很难在马克思的著作中找到与心理学有关的阐述，甚至在他的追随者的著作中亦不多见。这并非因为马克思对心理学兴趣不足，或缺乏对心理现象进行分析的能力（从马克思恩格斯通信全集中，我们可以读到他们关于无意识动机的具有深刻见解的大量分析，这些分析即便在富有天赋的精神分析学家看来亦属精妙）；而是因为在马克思生活的年代，动力心理学（dynamic psychology）尚未问世，他无法将此应用于研究人的问题上。马克思于 1883 年逝世，而弗洛伊德在马克思逝世十多年后才开始发表他的论著。

弗洛伊德创立的心理学分支对马克思的分析而言是一种必要的补充，虽然它亦面临许多不同的修正。精神分析首先是一种**动力**心理学。它要分析的是各种精神**力**，那种使得人们发生行为、动作、感情、念想等的动力。这些动力不总是昭然若揭，而是需要人们从一些可观察的现象中渐次加以推断，并对它们的矛盾形式和转换形式加以研究。若一种心理学对马克思的学说产生补益，它就必须同时关注这些精神力的**演变**，即在一个人所参与的社会活动中，人的需求与社会历史现实不断相互作用的一个进化过程。它必须问世甫始就定义成为社会心理学。最终它须发展成为**批判**心理学，尤其是对人的意识持批判态度。

弗洛伊德的精神分析法满足了这些基本条件，但它与马克思学说的关系既没有被多数弗洛伊德学者们领会，亦没有被多数马克思学者们领会。二者未能关联的原因显然出自双方。马克思主义者因袭了忽略心理学的传统，而弗洛伊德及其追随者只在机械唯物主义的框架下发展他们的理论，这对弗洛伊德伟大发现的进一步深化是一个局限，与“历史唯物主义”也不兼容。

其间，新思潮不断涌现。最值一提的是马克思人本主义理论的复苏。许多马克思社会主义者，尤其是一些较小的社会主义国家中的学者，亦有西方国家的学者，越来越意识到马克思理论需要同关于人的心理学理论结合起来；他们同时亦越来越意识到社会主义必须满足人对建立自我定向和奉献系统的需求，也需要回答人是什么、生活的意义和目的何在这类大哉问。这才是伦理道德规范和精神发展的基础，而非那些空泛的话语——诸如“只要为革命（工人国家、历史进步，等等）服务，就是好的”。

而另一方面，精神分析阵营里对作为弗洛伊德学说支柱的机械唯物主义的批评呼声也日益增多，导致了一场对精神分析学重要的重新评估，特别是对性欲（libido）理论的重新评估。因为马克思和精神分析学说双双都在向前发展，人本主义的马克思主义者对结合双方理论的认识时机似乎已经成熟，他们应该认识到使用一种动力心理学、批判心理学、社会主导心理学来进一步发展马克思主义理论和社会主义实践是至关重要的；他们应该认识到，马克思的理论是以人为中心的，如果它既不想脱离人类现实，但又不引入心理学的要素，是无法作为理论维持下去的。在接下来的篇幅里我会提出一些已经引起讨论，或人本主义精神分析学者必须面对的主要问题。①

首先必须面对的一个问题是“社会性格”（social character），即某种群体（比如民族或阶级）共同拥有的性格基体，这个基体有效地决定了其成员的行为和思维。社会性格是从弗洛伊德的性格概念中特别发展出来的，弗氏性格概念的中心是性格的**动力**本质。弗洛伊德将性格看作追求满足各式各样的性欲冲动的一种相对稳定的呈现，也可说是精神能量的呈现——导向实现某些特定目标的、出自某些特定渊源的精神能量。在他的口欲期、肛门期、性器期的性格概念中，弗洛伊德推出了一

---

① 可惜尝试将修正的精神分析和马克思主义及社会主义问题联系应用的作者太少，我将不得不主要引用自己从1930年以来所写的文章，重点参见：《基督教义分析》（*The Dogma of Christ*）（纽约：霍尔特，莱茵哈特和温斯顿出版社，1963）；《精神分析性格学及其与社会心理学的相关性》（*Psychoanalytic Characterology and Its Relevance for Social Psychology*）选自《精神分析的危机》（*The Crisis of Psychoanalysis*）（纽约：霍尔特，莱茵哈特和温斯顿出版社，1970）；《逃避自由》（*Escape from Freedom*）（纽约：霍尔特，莱茵哈特和温斯顿出版社，1941）；《健全的社会》（*The Sane Society*）（纽约：霍尔特，莱茵哈特和温斯顿出版社，1955）；《马克思论人》（*Marx's Concept of Man*）（纽约：弗雷德里克·安格出版社，1961）；《在幻想锁链的彼岸》（*Beyond the Chains of Illusion*）（纽约：袖珍丛书出版社，教义系列，R. N. 安申编辑，1962）；这些文字开宗明义讨论了马克思理论和弗洛伊德理论的关系。持精神分析加马克思主义观点的其他作者还有威廉·赖希（Wilhelm Reich），他是这方面最重要的作者，虽然他的理论和我的理论鲜有相通之处。萨特也尝试发展以马克思主义为导向的人本主义分析，但他进行得不顺畅，这是因为他缺乏临床经验；总体来看，尽管萨特运用了一些才华横溢的辞藻，他对心理学的研究仍失之表浅。

套人类性格的新模型，将人的行为解释成独特的激情奋争的结果。弗氏假定这些激情奋争的方向和强度是孩提时代在“引发性欲的区域”（口唇、肛门、性器）中发生相关体验的结果，除了体质上的因素外，父母的行为是导致这种性欲发展的主要原因。

社会性格的概念指代一个**群体共有**的性格结构的基体。它假定形成社会性格的最根本因素是**生活实践，即由生产模式及其相应的社会层理构成**。社会性格是**精神能量的一种非常特殊的结构，它可在任何一个既定社会塑造，目的是对这个既定社会的功能有所助益**。每个普通人**想**做和**应该**做的工作保持一致，这样社会就得以利用人的能量按其目的正常运作。在社会进程中，人的能量只有一部分作为简单的体力能量体现（如劳动者的耕田或筑路），而另一部分则通过**精神**能量的**特殊**形式体现。一个靠攻击和掠夺其他部落为生的原始社会成员必须拥有一种斗士的性格，对战争、杀戮、抢劫表现亢奋。而平和的、从事农耕的部落成员则反对暴力，所以他们更倾向于互助合作。封建社会只有在它的成员努力做到对权势百依百顺、对上级官宦尊崇有加时才会运作良好。到了资本主义社会，人们渴望工作、遵纪守时、以挣钱为要务，以通过生产和交换获得利润为生活主旨，只有在这种情形下，社会才能兴盛。在十九世纪，资本主义社会需要人们乐于积蓄，到了二十世纪中叶则需要人们热衷花钱和消费。社会性格是这样一种形式，它塑造人的能量，使之在社会进程中作为一种生产力发挥作用。

社会性格通过该社会一切可动用的影响手段来不断强化，这些手段包括教育系统、宗教、文学、歌曲、玩笑、习俗，尤其是父母培养孩子的方法。这最后一项之所以重要，是因为个人的性格结构在人们五至六岁的孩提时代很大程度上已经成型。而传统精神分析学家认为父母的影响本质上不是一种个人的或偶然的行为。父母是主要的**社会动因**（agents of society），既通过他们自身的性格又通过他们的教育方法起作用；各对父母的作用之间只有很小的差异，这些差异通常不会减少他们在创造一个共同向往的社会性格基体过程中的影响力。

在任何既定社会，通过生活实践塑造社会性格这种概念的形成有一个条件，即对弗洛伊德性欲理论的修正；性欲理论是弗氏性欲概念的基础，它又以机械论概念为基础：人像一部机器，性欲是其除了自我保护驱动机制以外的能量来源，由“快乐原则”调节，将过盛的性欲张力降至正常水平。我对弗氏这一概念一直试图提出不同的见解，指出（《为自己的人》）首先作为一种社会化存在的人，其种种努力都是为了满足与周围事物一致的“同化”需求和与周围人一致的“社会化”需求而展开的，而他所在的社会结构又决定了占据他主要激情的“同化”与“社会化”的种种形式。这个概念上，人的性格形成乃出自他的奋斗激情——以他人与自然为目标，以及与世界关联的需求。

社会性格的概念回应了马克思理论中未能彻底解释的一些重要问题。

为什么一个社会能够成功俘获大多数成员的忠心——即便这些成员已经饱受体制之苦，即便理性已经告诉他们效忠这个社会最终会戕害自身？作为人类，他们为什么不能看清他们的**真正**利益，而被那些由形形色色的意识形态影响力和洗脑运动炮制出来的**虚假**利益所迷惑？为什么他们对阶级状况的意识和社会主义优越性的意识不像马克思所期望的那样发生应有作用？问题的答案就藏在社会性格的现象中。一个社会一旦成功塑造了普通百姓的性格结构，让一个人爱上其不得不做的事，人就会对社会强加的条件无怨无悔。正如易卜生笔下的一个人物所言，“他想做什么就能做什么，因为他只想那些他能做的事。”毋庸置疑，一种社会性格如果说只会满足于逆来顺受，它就是一种有缺陷的性格。但不论是否有缺陷，一个社会需要唯唯诺诺的人来使其运作的话，这种性格就完全达到了目的。

社会性格的概念也可以用来解释一个社会物质基础与其“意识形态的上层建筑”之间的关系。人们惯常将马克思主义所谓意识形态的上层建筑仅仅解释为经济基础的反映。但这种解释是不正确的。在马克思的理论中，对经济基础和上层建筑关系的实质阐述得其实并不充分。动力心理学理论使我们看到社会培养了社会性格，反过来社会性格则倾向于产生和维护能与之相适应的并有益于其成长的思想和意识形态。但我们不能仅仅看到经济基础在形成社会性格中起作用，而社会性格又创造了某些思想体系；我们还要看到这些思想体系一旦确立，便会对社会性格产生影响，并间接地影响社会的经济结构。我在此强调的是：**社会性格是社会经济结构与社会普遍的理想观念之间的一项居中的介质**。这个中介具有双向调节的作用，既以经济基础构建理想观念，又以理想观念构建经济基础。下图简示了这一概念：

社会性格的概念得以解释人类的能量如何像其他原材料那样，被一个社会用来满足其需要和实现其目的。说到底，人是最柔韧的自然力之一。人能够被用来满足几乎任何目的；能够被调教得会仇恨或会合作，会俯首帖耳或会特立独行，会安于磨难或会享受幸福。

这一切都言之成理，但是我们也应看到另一个真理：人只有在充分施展各项能力时，才能解决生存问题。一个社会在人身上造成的缺陷越大，人就越不健康，即使在意识层面人对自己的命运可能无可挑剔，但是在无意识的层面，他是不满的；这种不满酝酿着某种要素，使其倾向于并最终改变造成缺陷的社会模式。如果不能这么做，人所处的那个有着特殊病原的社会就会逐步消亡。当新的生产力与社会组织的旧有模式发生矛盾时，会触发社会变迁和革命，但不限于此；当非人道的社会环境和人类不可改变的各项需求发生矛盾时，同样会触发社会变迁和革命。人可以接受加诸其身的几乎任何事，但仍有一个临界点。人为自由而战的历史最有力地证明了这一原理。

社会性格的概念不仅是一个引发普遍观察的理论上的概念，它在经验主义的各种研究——旨在找出一个既定社会或社会阶级中不同类型的社会性格的发生情况——亦体现出它的作用和重要性。假定“农民性格”被定义为个人主义的、善于囤积贮藏的、顽固的、难以在合作中被取悦的、极少时间观念和守时概念的，这一各种特征的综合体绝非简单加总，而是一个充满能量的结构。如果有外力企图改变这一结构，便会遭到激烈的抵抗，形式由强硬的暴力到沉默的蓄意阻挠都可能；即便赋予他们经济上的好处亦不容易产生改变效果。这一综合特征的存在是因为他们有着共同的生产模式，这种生产模式在农民的生活中已经延续了数千年。另一个例子是式微的下层中产阶级，不论是使希特勒上台的下中层，还是美国南部贫困的白人。这个阶级缺乏文化上任何正面的激励机制，他们对自己的处境怨天尤人，他们被前行的社会洪流遗落在后，他们对那些破坏了自己一度拥有的自豪形象的人们充满仇恨，于是滋生出了一种向往死亡（恋尸）的、对血和土产生强烈病态固恋的，以及强烈族群自恋（后者表现为狂热的民族主义和种族主义）的混合性格综合体。[①] 最后一个例子：产业工人的性格结构包含准时、遵守制度、具备团队合作精神等要素，这些是一个产业工人有效行使其功能的最起码的综合素质。（其他一些差异，如依赖或独立、兴趣或冷漠、主动或被动，在目前的结构中都忽略未计，虽然它们对现在乃至将来的工人性格构成有着举足轻重的意义。）

社会性格概念最重要的应用，在于将马克思展望的一个未来

---

① 参见弗洛姆的《人心：它的善恶天性》(*The Heart of Man, Its Genius for Good and Evil*)（纽约：哈珀和罗出版社：宗教观点系列，R. N. 安申编辑，1964）中关于本观点的详细讨论。

社会主义社会中的社会性格和十九世纪的旨在占有资产和财富的资本主义社会性格区别开来，并和二十世纪（不论是资本主义还是共产主义）的社会性格区别开来，最后这种社会性格在高度工业化的社会里，已史无前例地普遍成为一种消费人（homo consumens）。

消费人的主要目标首先不是**拥有**物质，而是**消费**越来越多的物质，以此弥补内心的空虚、怠钝、孤独、焦虑。在一个以巨型企业和庞大的工业、政府和工会官僚政治为特征的社会，失去对工作环境控制能力的个人感到的是无奈、孤立、厌倦、烦躁。与此同时，有着盈利需求的大型消费产业通过媒体广告将其变成了一个饕餮之徒，一个对消费贪得无厌的人，把一切都视作消费品，从烟、酒到性生活、电影、电视、旅行，甚至连教育、书籍、讲座都不能幸免。人为的新式需求不断涌现，人的品位已经受到操纵。消费人性格更极端的表现形式是一类著名的精神病理学现象。在抑郁症或焦虑症的病例中，不难发现患者以暴饮暴食、疯狂购物、酗酒等行为来代偿隐匿在深处的内心压抑和焦虑。弗洛伊德将对消费抱有强烈欲望的某种极端形式称为“口欲接受性格”，这种形式在今天的大工业社会里正在成为占主要地位的精神力。消费人被幸福的幻觉笼罩，在无意识里则深陷无聊和倦怠不能自拔。对机器的控制能力越强，对作为人类的自己的控制能力就越弱；消费得越多，就越像一个奴隶，被产业系统制造和操纵的日益膨胀的需求缚住手脚。消费人将刺激和兴奋误作愉悦和幸福，将物质舒适误作生机活力，满足贪求无度的欲望成了生活的意义，为满足欲望而奋斗变为一门新的宗教。消费的自由成了人类自由的核心。

这一消费精神与马克思展望的社会主义社会精神背道而驰。马克思清楚看到资本主义社会固有的危险。他的目标是这样一个社会：人不追求**有**很大一笔财富，或**用**很大一笔财富，但人本身就**是**很大一笔财富。他要将人从物欲的锁链中解脱出来，这样人可以时刻保持清醒、保持活跃、保持敏感，而不会成为贪欲的奴隶。“生产过多有用之物，”马克思写道，“导致产生过多无用之人。”他要消除极端贫困，因为贫困妨碍人的全面成长；他还要消除极端富裕，因为人会变成贪欲的囚徒。他的目标不是消费的**最大化**，而是消费的**最优化**。最优化消费保证人能满足其真正需求，那是使其过上更为完整而丰满的生活的手段。

资本主义精神以满足物欲为目标，而共产主义和社会主义国家实施它们的计划经济，应该可以抑制人的物欲，但历史上的讽刺事件之一，恰是前者正在战胜后者。这一过程自有其逻辑。在欧洲一些相对贫穷的国家中，虽然共产主义思想取得胜利，但是资本主义的物质成功地对这些国家产生了巨大影响，社会主义的胜利变成了在社会主义的精神**框架内**与资本主义采取一样的手法来进行成功的竞争。社会主义处于一种濒危的境地，即它们正在倒退为一种机制，其主要目标就是使贫穷国家比资本主义国家更快实现工业化；他们追求的是一个发展经济生产的社会，而非发展人的社会。这种发展观由苏联共产主义社会进一步坐实：他们接受的是马克思“唯物主义”的一种粗糙版本，却效法资本主义国家所为，与以马克思为最伟大代表人物之一的人本主义精神传统渐行渐远。

毋庸讳言，社会主义国家尚未解决满足其人口合理的物质需求的问题（即便在美国，亦有百分之四十人口的生活达不到“富足”程度）。但对于社会主义经济学家、哲学家、心理学家而言，头等大事是要随时警惕**最优化**消费目标轻易滑向**最大化**消费目标的危险。社会主义理论家的任务是研究人类需求的本质，找出划分两类不同需求的标准：一类是满足人们处于思维活跃、感官灵敏状态的**真正的**需求；另一类则是资本主义打造的**人为的**需求，后者倾向削弱人的意志，使人更容易倦怠，被自己的物质欲念束缚。

我在此强调的不是限制生产，而是说当个人消费的最优化需求得以实现之后，应该将更多的生产手段投向社会消费的层面，如学校、图书馆、剧场、公园、医院、公共交通，等等。高度工业化国家不断增长的个人消费意味着竞争、贪婪、嫉妒这些意念不单由扩大私有财产引发，也由毫无节制的私人消费引发。社会主义理论家必须着眼于这样的事实，即人本主义的社会主义旨在建立一个工业社会，其生产模式的服务目的是最大限度地培养全能人，而不是培养消费人；社会主义社会是一个适宜人类生存和发展的工业社会。

有一些经验主义的方法可以帮助进行社会性格的研究。这类研究的目的，是探明不同类型的性格综合体在一个总人口内和其在各个阶级中的发生情况，在综合体内各种不同因素的影响深度，以及那些在不同的社会经济条件下形成的新的或对立的因素。所有这些变量使人能对现存性格结构的力度、演变进程，以及促其变异的手段等等得到一种深入内在的见识。这种见识对从农业向工业转型的国家来说无疑十分重要，对探讨从资本主义或国家资本主义环境——即异化的环境——向真正的社会主义环境转型的工人问题来说，同样十分重要。再者，这些研究可以作为政治行动的各种指引。我只要了解民意调查中群众所确定的政治“舆论”，就能判断他们在近期可能如何行动。如果我想了解诸如种族主义、主战或主和思维等精神力的强度（此刻未必在意识层面彰显），社会性格研究就能见微知著地看出这种潜在支持的程度和方向；这些精神力足以操控社会进程，并只有在某个时期之后才得以彰显。①

限于篇幅，本文不克详尽讨论如何获得上述性格数据的各种方法。但它们有一个共同点，即避免犯这样的错误：将某些意识形态（经过了合理化）误作（通常是无意识的）内心现实的表达。其中一种被证明是十分可取的方法叫做开放式自由回答问卷调查，它的答案可以透露答卷人未措意的或无意识的想法。在回答“谁是您钦佩的历史人物？”问题时，我们就可以比较这样两组答案：一组是“亚历山大大帝、尼禄、马克思和列宁”，另一组是“苏格拉底、巴斯德、马克思和列宁”。据此我们推断给出第一组答案者尊崇的是强权政治和绝对控制的人，而给出第二组答案者尊崇那些为生活本身目的而奋斗。造福于人类的人。通过采用宽泛的投射问卷调查，即有可能勾勒出关于某人性格结构的

---

① 以资说明的例子是德国中下层阶级中潜伏的破坏力，只有在希特勒上台给了它机会时才全面爆发。

一幅八九不离十的画面。① 其他投射测试（projective tests）包括对感兴趣的笑话、歌曲、故事及其他可观察的行为进行分析（对精神分析观察而言，不起眼的“小动作”尤为重要），这些测试数据均有助于获得正确的结果。在方法上，研究的主要重点应放在生产模式及其相应的阶级层理，放在最具深远影响力的性格特征及其形成的综合体，以及这两组数据之间的关系上。应用阶级层理的取样，调查人数不必达到一千人，就可以看出整个族别或大型社会阶级的概貌。

分析的社会心理学另一重要方面是弗洛伊德称为“无意识”的概念。但弗洛伊德所提出的无意识主要关注的是个体的压抑机制，而结合马克思理论的社会心理学学者最关心的问题应该是“社会无意识”。这一概念指的是在各种大型群体中常见的内

---

① 这一方法首次应用于1931年我和E. 夏切特尔博士，P. 拉扎菲尔德博士，以及法兰克福大学社会研究院（Institute of Social Research，Frankfurt University）其他人一起合作的调查中，之后又与哥伦比亚大学的人员合作。调查的目的是探明在德国的工人和雇员中支持独裁主义者和反对独裁主义者的性格情况。调查显示的结果与之后的历史发展事实非常接近。同样的方法再次应用于墨西哥一个小村庄的社会心理研究项目，该研究由精神病学研究基金会（Foundations Fund for Research in Psychiatry）提供基金，在我的指导下进行，并得到西尔多博士、洛拉·施瓦兹博士和迈克尔·麦考比博士的协助。路易·麦奎蒂博士使用电子计算器的统计方法，对数十万个单项数据进行处理，使具有典型相关性特征组成的各种综合现象一目了然。参见E. 弗洛姆《第三帝国前夕的德国工人和职员：一项社会心理调查》(*Deutsche Arbeiterund Angestellteam Vorabenddes Dritten Reiches: Einesozialpsychologische Untersuchung*)，W. 博恩斯编辑（斯图加特：德意志出版社，1980）；以及E. 弗洛姆和M. 麦考比合著的《一个墨西哥村庄的社会性格：一项社会精神分析研究》(*Social Character in a Mexican Village: A Sociopsychoanalytic Study*)(英格伍德·克里夫斯：普伦斯蒂·霍尔出版社，1970)。

心现实受到压抑的情况。每一个社会都想方设法不让它的成员，或某个特定阶级的成员，觉察到某些冲动，因为在他们进入意识层面时，这些冲动足以导致“危险的”社会思潮或行为。这时社会必然启动有效的审查机制，但审查印出来的文字或说出来的话为时已晚，应该防思想之患于未然，亦即是说，要对危险的意识进行抑制。当然，社会无意识的内容因社会结构形式不同而大异其趣：冒进、反叛、依赖、孤独、忧愁、厌倦，五花八门，不一而足。受压抑的冲动必须一直保持在压抑状态，并以否定的，或者肯定其反面的意识形态取而代之。在当今大工业社会里，意识形态教育那个倦怠的、烦躁的、苦恼的人，让其觉得自己是幸福的，生活充满乐趣。其他社会里，意识形态则教育那个被剥夺了思想和言论自由的人，让其觉得几乎已经处于最完美的自由状态，即使当时只有其领导才能以所谓的自由名义说话。某些体制压抑人们热爱生活，却培植人们钟情财富。另一些体制压抑人们对异化的意识，而宣扬“社会主义国家没有异化”的说教。

还有一种方法解释无意识现象，即黑格尔和马克思所说的，当人产生幻觉，以为自己在自由地作出决定时，其实是各种强制力量形成一个整体作用在人的背后作祟；或用亚当·斯密的话来说，“一只看不见的手推动经济人，在冥冥中支配其提出的目标。”对斯密而言，这只看不见的手还算是一只善意的手，对马克思而言（弗洛伊德亦同）这只手则极其危险，必须去除它的伪装，以解除它的效力。意识是一个社会现象，马克思认为很大程度上意识是虚假的，它不过是压抑的影响力在起作用。[①] 无意识与意识一样，也是一个社会现象，取决于“社会滤网”的筛选——大部分真实的人类体验从无意识到意识的上升途中被过滤了。这一“社会滤网”主要包括语言、逻辑和社会禁忌；它被各种意识形态（经过了合理化）打扮起来，使人主观上感到自己所体验的是真实的。但在现实中，这些意识形态只是经由社会生产出、并在社会上共同分享的虚幻意境。这种对意识以及压抑机制的解释可以通过经验主义观察来证明马克思“社会存在决定意识”的论断是确当的。

这些讨论的结果引出弗洛伊德教义主导和马克思教义主导的精神分析的理论上的另一差异。弗洛伊德认为实际产生**压抑的原因**——受压抑的最重要内容为乱伦的欲望——是出于对阉割的恐惧。我的看法与此相反，我认为在个人与社会层面上，人最深的恐惧是与他的同伴彻底隔绝、被同伴完全排斥。与之相比，甚至死亡的恐惧都要来得容易承受。社会拿这种放逐来进行威胁，让人强制接受它的压抑指令。如果你拒绝否认某些压抑体验的存在，你就受到孤立而失去归属感，你无法发生关联，你会濒临精神错乱的边缘。（精神错乱的特征其实是一种完完全全不能和外部世界发生关联的病态。）

马克思主义者通常推断在人的背后起指导作用的是经济势力

---

① 有意思的是马克思在《德意志意识形态》(*German Ideology*）中亦使用了“压抑”(Verdrängung）这个词。罗莎·卢森堡（Rosa Luxemburg）在《列宁主义和马克思主义》(“Leninism and Marxism”）一文中提到无意识（历史进程逻辑）的出现早于意识（人类主观逻辑），该文收录在最近以英语出版的《俄国革命和列宁主义或马克思主义？》(*The Russian Revolution and Leninism or Marxism?*）（安阿伯：密歇根大学出版社，1961）。

及其政治代表物。精神分析研究表明这一概念失之狭隘。社会是由人构成的，无论最原始的社会还是最进步的社会，每一个人都具备某种激情奋争的潜能。这种人类潜能作为一个整体，是由每一个富有特色的既定社会的经济和各种社会合力塑造而成的。这些社会集成力量产生一种特定的社会无意识，亦在压抑的因素和某些既定的个人需求之间引发特定的冲突，而那些既定的个人需求正是一个精神健全者正常发挥其功能的关键，如某种程度的自由、激励、生活的兴趣、幸福等等。如前所述，革命的产生其实不仅表达了新的生产力的诉求，也表达了人性中受到压抑的成分的诉求，只有在两者结合的条件下，革命方能成功。压抑，无论由个人情况造成还是社会环境造成，都使一个人扭曲，使其分裂，丧失完整的人性。意识代表了由某个既定社会决定的“社会人”；无意识则代表了我们中的普通人，那些善恶兼备的完整的人，证明了泰伦斯（Terence）的名言：“我相信：人所具有的，我都具有。”（“I believe that nothing human is alien to me.”）（巧的是马克思亦偏爱此语。）

具有深度的心理学还为一个问题提供了某种思路，这就是人性的本质，它在马克思理论中具有举足轻重的意义，但马克思本人并未给出一个令人满意的解决方案。一方面，特别是在1844年之后，马克思不想用形而上学的、离开历史事实的方法去阐述这个问题——几千年来许多统治者使用着“人的本质”的概念，每一个统治者都力图证明他们的规章和法律针对的是亘古不变的“人性”。另一方面，马克思又反对一种相对论的观点，把人之降世看作一张白纸，每种文化都可以描摹它的文本。如果这是真实的，又何以解释这种普遍现象，即一个既定社会倘若用强力迫使它的成员按既定形式生存，其间人必定会不停反抗？但假设马克思心目中没有一个**能够**使“缺陷”**成为可能**的“人性的原型”，那他在《资本论》中运用“有缺陷的人”的概念时又基于什么？对于人的本质，一个基于心理学分析的论断是，从古往今来一以贯之的**实体**的意义上说，“人的本质”是不存在的。我认为，答案可以向这样的事实去寻求，即人的本质正存在于“**囿于**自然”和“**超越**自然”这样一对矛盾中：一方面人来到这个世界不是出于自身意志，离开这个世界又违背其意志，时间和地点都是偶然的；另一方面人超越自然不是凭本能的赋予，而是凭其具有意识这样的事实——对自己的认识、对其他人的认识、对过去的认识、对现在的认识。人，这个“自然的怪胎”，若非找到一种新的统一形式来解决矛盾，就会感到无法忍受的孤独。人的生存之道的这种根本对立促使其去寻求一个化解矛盾的方案，去寻求那个其一面世就受到生活拷问的答案。关于如何实现统一的问题，有几个可以确定但不完美的选择。人可以倒退回动物的状态，放弃属于人的功能（如理性和爱），变成奴隶或奴隶主，将自己物化，通过这些方法都能统一上述矛盾；但人也有另一个方法，即将所特有的能力发挥到这样一种程度，俾其成为一个自由的人——不仅是一个**挣脱**锁链的自由人，而且是一个把尽情**发挥**所有潜力当作人生目标的自由人，一个将生存之道系于自身创造力的自由人——由是达成自己和其他同类的新的统一，以及和自然的新的统一。人的“进步动力”并非与生俱来，而是应其解决生存矛盾之需求所驱策，这种矛盾在人类发展的每个新阶段都会反复出现。这种矛盾，或者说人的各种不同的、相反的可能性，构成了人的本质。

总而言之，这篇文章权作引玉之砖，将一种辩证及人本导向的精神分析法作为一个重要观点介入马克思学说。**我相信马克思主义需要上述定义的心理学理论，精神分析也需要结合真正的马克思主义学说。如此综合将使这两个研究领域相得益彰。**

第四章　先知与祭司

毫不夸张地说，对人类创造的各种伟大观念的认识从未像现在这么广泛地在世界上传播，这些伟大观念也从未像今天这般无效力。柏拉图和亚里士多德的观念、先知和基督的观念、斯宾诺莎和康德的观念，在欧洲和美国受教育阶层中为数百万计的人们周知。这些观念在几千所高等学府中传授，其中有一些在世界各地各种宗派的教堂里流布。但于这些伟大观念之后接踵而至的是不受约束的自我主义的法则，由此又孕育出歇斯底里的民族主义，并策划出一场疯狂的大屠杀。人们如何解释这些巨大的反差呢?

如果将观念和思想仅限于教学授受的形式，它们是不会对人们发生深刻影响的。在这种形式下，它们通常只会改变另一些观念；新思想替代旧思想；新词汇替代旧词汇。但所有的改变只是概念和词汇的更迭而已。为什么要变？一种观念要打动人，要让人领会某种真谛，其实是极为困难的事。人若接受其他观念，就必须克服根深蒂固的惯性阻力——害怕出错、害怕偏离群众队伍。即便有的观念令人耳熟能详，甚至这些观念本身有理有力，仍然不足以使人发生真正改变。要使观念对人产生深刻效力，传授这些观念的导师就必须身体力行；如果这些观念被导师赋予了人格魅力，亲自讲解、有血有肉；如果这些观念被人带着恭逊和谦卑的态度来诠释，听讲者就能体察理解这种谦恭意味着什么。人们不仅理解，而且他们认定导师讲的是真相，而非信口开河。不论何人，哲学家或宗教导师，试图传播何种观念，这种方式都屡试不爽。

那些预告观念（不必是新观念），同时又践行这些观念的人，我们也许能称之为**先知**（prophets）。《旧约全书》中的先知就是这类人的代表：他们预示这样一种观念，即人必须寻求一种生存之道，它的答案就是开发人的理性、开发人的大爱。先知教诲人们，谦恭和正义与爱和理性是密不可分的。他们时时都在身体力行对别人的开示。他们不追求权力；相反，他们对权力避之唯恐不速，甚至对行使先知的权力也不屑一顾。他们不听命于权势，他们坚持真理，即使被羁押、被流放、被处死，也不改初衷。他们不是那种隔岸观火、坐视其变的人。他们积极回应人类的诉求，因为他们感到道义在肩。人溺己溺，息息相连。仁慈不是身外之物，而是他们内心的一部分。正因为他们看到了事物的真相，他们感到有责任晓诸众人；他们绝不威吓，只是昭示人类面临的多种不同的**选择出路**。先知并没有成为先知的愿望；事实上，若人怀有成为先知的雄心壮志，就有伪善之嫌了。先知之所以成为先知，很简单，只因其眼中的那些解决方案是显而易见的。先知阿摩司（Amos）这样简洁明了地说："狮子咆哮了，谁不害怕？神谕示了，谁又不成为先知？"这里的神谕，指的是他所看到的选择是清楚无误的。不必再犹疑，不必再躲闪。于是身怀使命的人除了成为先知别无选择，不论其之前一直在放牧、培育葡萄园，还是在开悟诲导。先知的作用是彰显真实，揭示解决方案并进行论断；是振聋发聩，使人从习焉不察的昏昏然中惊醒。成为先知是历史大局使然，而非个人刻意为之。

许多民族都出现过他们的先知。佛陀之言行成为经典；基督以他的肉身降临；苏格拉底为自己的理念不惜赴死；斯宾诺莎则一生奉行自己的理念。这些先知们都在人类历史上印迹甚深，因为他们的理念是通过他们每个人的血肉之躯流芳百世的。

先知们在人类历史上仅间隔地出现。他们身后遗留下了各自的思想要义。这些信息被千百万人接纳，成为人们心中弥足珍贵的东西。正是因为这个原因，其他人方可利用众人对这些先贤的爱戴达到他们的目的——进行统治和控制。我们不妨将那些利用先知所预告理念的人称作**祭司**（priests）。先知实践自己的理念，而祭司则操控先知的理念，将这些理念传示给那些景仰先知的众人。这些理念于是失去了活力。它们变成了僵化的教条。祭司宣称这些理念如何形成很重要；当体验缺省，形式就自然变得重要起来；统治者一定得掌握一套“正确的”公式，否则怎能通过控制思想来有效地控制众人？祭司利用观念把众人组织起来，通过控制如何正确表达观念来控制众人；他们将众人麻痹到了某种程度时，会宣称众人皆浑浑噩噩之辈，无法靠一己之能过好日子。于是他们，这些祭司们，就得承担义务，甚至是出于怜悯，来引导芸芸众生；没有他们的引导，众人便在自由中丧失方向。当然，并非所有祭司都这般行事，但他们相当大部分的确如此，特别是那些善于玩弄权术的人。

不独宗教领域有祭司，哲学领域和政治领域也有他们的祭司。每个哲学门派都有祭司般的人物，这些人通常以博学见称。他们的事务是执掌原创思想家的观念，将它传授给众人，负责解释它，然后将它转化成博物馆里的陈设，再将它保护起来。更有政治的祭司，过去一百五十年间屡见不鲜。他们一直操控着自由的观念，守卫他们所代表的阶级的经济利益。在二十世纪，政治祭司们接手掌控社会主义的观念。原本社会主义的观念旨在使人解放、使人独立，但祭司们通过种种方式断言人尚没有能力行使自由，或至少没有能力长期行使自由。所以在人们培养出这一能力之前，他们有义务出来取而代之，决定社会主义的观念应该如何表述，甄别出谁是或不是一名忠实信徒。祭司们常使人迷惑，因为他们宣称他们是先知的继承人，他们在实践他们的教义。然而，任一个孩子都能看出他们其实说一套做一套，广大群众却被成功洗脑。最终人们相信，祭司们生活高高在上是不得已的，因为他们是伟大思想的化身；而如果他们大开杀戒，亦只是出于革命信仰。

历史上从未有过一个时代像我们所处时代这样有利于先知的出现。整个人类的生存都笼罩在疯狂的核武器战备阴云下。石器时代的思维和盲目将人类推向一个似乎要极速接近历史终点的悲剧时刻，而这恰恰也是人类最接近取得前所未有之成就的时刻。在这个关键时刻，人类需要先知，即使他们的声音是否能盖住那些祭司的声音尚是未定之数。

当代能亲身昭显观念、并因历史形势将他们从教师转变成先知的人为数不多，伯特兰·罗素是其中一位。罗素碰巧是一位伟大的思想家，但这并不是他作为先知的根本条件。他和爱因斯坦及施韦泽一起，代表着西方人道主义面对生存威胁的回答。他们三人都敢于让自己的观点公开亮相，向人类发出警示，并提出另类解决方案。施韦泽远至加蓬兰巴雷内工作，力行他的基督教精神。爱因斯坦倡导理性和人道主义理念，他于1914年及其后，多次断然拒绝参加德意志知识界甚嚣尘上的民族主义活动。伯特兰·罗素几十年来亦在各类书籍中弘扬理性主义和人道主义观念；而近年来，他更是走上街头，告诉所有人，当一个国家的律法和人道主义的律法相背离时，一个真正的人应该选择遵从人道主义的律法。

伯特兰·罗素意识到观念可以在一个人身上体现，但要取得社会意义，则必须通过一个群体来体现。当亚伯拉罕就所多玛城的命运与神对话、挑战神的公义时，他要求神能赦免所多玛城，条件是他在城里尚能找到至少十位义人。如果义人的数目不满十位，也就是说正义的理念甚至都不能在最小的群体内得以体现，则即便亚伯拉罕也不能指望所多玛城免遭劫难。伯特兰·罗素力图证明世上确有十位可以拯救我们这座城的义人。这就是为什么他要组织民众，和他们一同游行，和他们一同静坐，和他们一同被警车带走。虽然他发的是那种旷野里的呼声，但它终究不是孤立的呼声。它是一个合唱团的领唱，至于这个合唱团演的是希腊悲剧还是贝多芬的《第九交响曲》，只有若干年后的历史才能看到真相。

在伯特兰·罗素平生体现的所有观念中，也许最引人瞩目的就是人有不服从的权力和责任。

这里说的不服从不是指那种无理由的反叛者，他们张口闭口说“不”，因为他们对生活没有担当。这种捣乱的不服从和它的反面——俯首听命，**没有能力**说“不”的服从——在盲目和孱弱上不分轩轾。我这里说的能够不服从者，是因为他们能够认定一些东西；他们能够不服从，是因为他们服从了自己选择的良心和原则。这些人是革命者，不是反叛者。

大多社会制度中，服从是至善，不服从是至恶。事实上在我们的文化里，很多人因为不服从而感到“内疚”，其实他们是感到害怕。令他们真正不安的并不是因为道德问题——他们只不过将其归在这一层面罢了——而是因为没有服从命令的事实。这并不奇怪，毕竟基督教的教义说亚当因违命而堕落，这种违命对他和他的子孙后裔造成如此深重的后果，以致只有神的特别恩宠方能使其脱离罪孽。这一观念当然是为了符合教会的社会功能，其实也就是通过传布不服从的原罪性来加强统治者的权力。只有那些认真对待经文教义中提倡的谦恭、友爱、公义的人能够抵制世俗权威，但结果却十之八九会被教会指控为背叛上帝的逆子和罪人。新教主流不但没有改变这种现象，反而在天主教会尚能意识到世俗权威和精神权威有别时，将自己加盟到了世俗权势。路德在声讨十六世纪德国农民革命的文字中首次严酷地表达了这种倾向，“因此让我们每一个人行动起来，不论打、杀、刺，不论秘密或公开，只须记住没有比一个造反的人更歹毒、更有害、更邪恶的了。”

尽管宗教的恐怖手段消失已久，极权政治体制却一直将人的服从行为变成他们生存方式的基石。十七和十八世纪都有过轰轰烈烈的反对王权的革命，曾几何时，人们换汤不换药地又回到了服从王权继任者的老路。今日的权威何在？在极权主义国家中，家庭、学校都强调尊重权威的重要性，这使得国家权力十分显见。而在西方民主国家，人们为推翻了十九世纪的专制主义而自豪，但权威究竟改变了没有呢？抑或权威只是改头换面？

这个世纪是政府、企业、工会各级官僚组织把持的世纪。这些官僚体系将物连同人一道管得死死的；他们的管理遵循一定之规，尤其遵循资产负债表、资格认证、最大效益、利润等所体现的经济规律，他们的功能如同一台将这些规则编成程序的电子计算机一样。个人成了数字，将自己变成了物体。恰恰因为这里没有公然的权威，人并非“被迫”服从，所以存在一种幻觉：这么做是自觉自愿的，自己跟随的只是“有道理的”权威。谁愿意反对“有道理的”东西？谁能抵挡住编了电脑程序的官僚体系？谁又能不服从——如果压根儿就没有意识到自己在服从的话？这样的情形亦发生在家庭和教育中。进步主义教育理论的讹误形成一种方法：不告诉孩子做什么，也不给他指令，孩子也不会因做错而受罚，他只是“随意表达”。但是，他从生活的第一天起就充满了对合规性的一种不近情理的敬畏，他害怕“出格”、害怕脱离同伴。在这种学校和家庭环境长大，并在大机构接受了完整教育的“组织人”，虽然有自己的看法，但没有信念；他会自娱自乐，但不见得真正幸福；对那种看不见摸不着的权势，他乖乖地言听计从，甚至搭上自己和后代的命都在所不惜。在那场以热核原子弹战争为题的时髦讨论中，他会欣然接受死亡的计算：一个国家死一半人——“还行”，死三分之二的人——“也许过头了”。

不服从的问题在当下有着重要意义。虽则按《圣经》之说，人类历史始于亚当夏娃的不服从行为；虽则按希腊神话之说，人类文明始于普罗米修斯的不服从行为，但人类历史却并非没有可能终止于一项服从行为，服从于发号施令的权威——这些权威很可能为了服从诸如“国家主权”、“民族荣誉”、“军事胜利”等古来奉若神明之迷思，而下令按动那些致命的键钮，将服从于他们的人和他们所服从的偶像崇拜统统化为灰烬。

所以我们在此意义上说的不服从，是一种肯定理性和意志的行为。它秉持的首先不是**反对**的态度，而是**支持**的态度——它支持的是人的观察力，敢言其所见，并敢拒言其所未见。人的这种行为不需要咄咄逼人，也不需要犯上作乱；人只需要睁开双眼，保持头脑清醒，并敢于承担责任去唤醒那些睡眼惺忪、浑然不知危险将至的人们。

卡尔·马克思曾说过，那位“宁被铁链拴在山崖上，也不对诸神俯首帖耳的”普罗米修斯是所有哲学家的保护圣徒。这更新了生活本身蕴藏的普罗米修斯式的功能。马克思的著述清楚地指向哲学和不服从之间连接的问题所在。大多数哲学家并非事事反抗所生活时代的当权者。苏格拉底奉命仰毒，斯宾诺莎因不想得罪当局而婉拒了一个教授头衔，康德是一个效忠的公民，黑格尔将他早年对革命的同情换作晚年对国家荣耀的维护。但是尽管如此，普罗米修斯仍是他们的保护圣徒。尽管他们始终守在讲堂上，守在书斋里，没有走上街头——他们有很多原因不这么做，这不是我要在此讨论的——但作为哲学家，他们不服从于传统的权威思想和概念，不服从于人云亦云的陈腔滥调；他们给黑暗带来光明，他们唤醒昏昏沉沉的众人，他们是“勇于求知”的典范。

哲学家对陈陈相因的说辞和公众意见都保持一种不盲从的态度，因为他们遵从的是理性和整个人类。理性是普世的，超越所有国族畛域。正因如此，遵从理性的哲学家是世界公民。他们的研究对象是人类，不是这个或那个人、这个或那个民族。他们的国家是世界，而不是他们的出生地。

在表达思想的革命性质的透彻程度上，恐怕无人能望伯特兰·罗素之项背。他在《社会重建原则》(*Principles of Social Reconstruction*，1916）中写道：

> 人们害怕思想甚于害怕地球上的其他事物，甚于毁灭，甚至甚于死亡。思想是颠覆的和革命的，是破坏的和恐怖的；对于特权、既定机制、舒适习惯种种，思想都无慈悲可言；思想不受政府和法律约束，它不事权贵，也不在乎年代悠久的世俗智慧。思想一直挖掘到地狱的深处，它不惧鬼神。它看到微弱如尘芥的人被深不可测的沉默包围，仍自豪地站稳脚跟，像宇宙主宰那样巍然屹立。思想是伟大的、迅疾的、自由的，它是世界的亮光，是人首要的荣耀。
>
> 但如果要使思想为多数人所拥有而不只是少数人的专利，我们就得摒弃恐惧。恐惧令人在思想面前退缩——人们害怕思考后发现珍惜的信仰化为泡影，害怕思考后发现在生活中遵循的制度原来弊大于利，害怕思考后发现自己最终不怎么值得别人尊敬，而之前自我感觉是多么的良好。“若劳动人民都自由地思考财富，我们这些有钱人情何以堪？若青年男女

都自由地思考性欲，道德说教情何以堪？若士兵都自由地思考战事，军队纪律情何以堪？杜绝思考！让人们躲入成见的蔽荫，以免财富、道德和战事受到损害！宁愿把人变得愚钝、怠惰、沉闷，也不能让他们自由地思考。因为一旦思想无拘无束，他们的看法也许就和我们大相径庭了。无论如何要避免这场灾难。”反对思想的人在灵魂深处的无意识中如此争辩。于是他们在教会、在中小学和大学对思想大肆阻挠。

伯特兰·罗素的不服从能力并不基于抽象的信条，而是基于最真实的体验，基于对生命的热爱。这种热爱生命之忱闪烁在他的著述中，更体现在他的品行里。如今持这种品行者为数不多，在生活富裕的国度就更罕见了。世人已分辨不清刺激和愉悦、兴奋和兴趣、消费和存在。那种恋尸狂式的口号“死亡万岁”，表面上看只有法西斯分子才会呼喊，其实在富裕国度，内心如是观想者亦不知凡几，只是他们浑然不觉而已。这似乎也作为其中的一个原因，解释了为什么大多数人对核战争以及其后将对文明造成的浩劫持如此姑息的态度，对防范这场巨大灾难如此不作为。伯特兰·罗素反其道而行之，奋力对抗危机四伏的大屠杀；他这么做不因他是个和平主义者，或信奉某些抽象的原则，只是因为他是一个热爱生命的人。

同样由于这个原因，罗素对那些喋喋不休指责人类罪恶的声音不见得有多大帮助，事实上那些声音传递的无非他们的问题和他们自己的悲观情绪，而不是人类问题。罗素并不是一个多愁善感的浪漫主义者。他是一个头脑冷静的人，一个批评家，一个严苛的现实主义者；他很清醒在人的内心深处当然存在罪恶和愚昧，但他不会将此事实与所谓的“人与生俱来即堕落”之论调混为一谈——“人生而有罪”的论调其实在为那些过于悲观者寻找理由，他们不相信人的禀赋可以创造一个自己能安适栖居的世界。“除了个别生而无罪的具有异秉的人，”在《神秘主义与逻辑：一个自由人的崇拜》（*Mysticism and Logic: A Free Man's Worship*，1903）中，罗素写了这样一段话，“在进入神殿庙堂之前，人们都得穿越横亘在他们面前的一道黑暗的洞穴。洞穴入口阴森恐怖，地面铺满绝望的墓石。在这里，自我必须死去，对无节制欲念的热望和贪婪也必须彻底戒除。只有这样，灵魂才能从命运帝国的控制中获得自由。一旦出了洞穴，那道脱胎换骨之门指引人们重新沐浴智慧之光——新的视野、新的愉悦、新的温暖，这些智慧之光照亮了朝圣者的心。”在这之后发表的《哲学论文集》（*Philosophical Essays*，1910）中，罗素又写道：“有这样一些人，如果不能打开通往更为辽远深邃的世界之门窗，他们生活在地球上就如同生活在监狱里。这些人认为人类无所不能的信念过于傲慢。他们更向往斯多葛式的能够掌控情感的自由，而不青睐拿破仑式的将世界列国置于其脚下的征服。总之他们认为人不足以成为他们的崇拜对象。对这些人来说，实用主义的世界狭隘而琐碎，因为在所有的生命活动中，它偏偏褫夺了那部分体现价值的生命活动，而人也使自己变得愈发渺小，因为在整个恢弘的宇宙中，它偏偏褫夺了那部分使人沉思冥想的宇宙。”罗素对于所谓人之罪恶的观点在《非流行论文集》（*Unpopular Essays*，1950）还有过这样一段精彩表述：“孩童，在传统神学里为撒旦的肢体，在教育改革者心目中又是身披神秘光照的天使，而他们到头来转化成了一个个小魔王——不是神学上受到撒旦蛊惑的小魔王，而是科学上受到无意识蛊惑的弗洛伊德的小魔王。必须指出的是，这些小魔王比起修士们所诟詈的更为邪恶；现代版的教科书里，他们展示的那种奇妙而执着的对罪恶的想象，与昔日的圣安东尼（St. Anthony）相比有过之而无不及。这一切难道是最终的客观真相么？或者仅是成年人不能再对讨厌的孩童痛打一顿而臆想出来的补偿？让弗洛伊德的专家们去相互解答吧。”最后再引一段罗素在《科学展望》（*The Scientific Outlook*, 1931）中的文字，俾读者一睹这位人文主义思想家是如何深刻体验生命中的愉悦的：“爱人、诗人、神秘主义的人，都比权力追求者拥有更大的满足，这是后者所无法想象的。权力追求者得周而复始地变换他们的手法以免受空虚感的折磨，而前三种人之所爱对象是恒久不变的。我行将就木时，不会有枉过此生之憾。我在暮色中见过红赤的土地，晨光中见过晶莹的露珠，霜天中见过闪耀的冰雪；我嗅到久旱后甘霖的气息，我听过风暴中的大西洋拍打着康沃尔郡花岗岩那种惊涛裂岸的轰鸣。科学有可能将这些以及其他的愉悦赋予更多原本不曾欣赏到它们的人。果真如此，我们便善用了科学的力量。但是，就在科学离开了生命——那种体现价值的生命——的那一瞬间，它就不再值得称道；无论它有多高明，无论它有多精巧，它都可能将人类带上一条不归路。”

伯特兰·罗素是一位学者，一个相信理性的人。然而他和其他诸多以学术谋生的同行之间有何差异？学者眼中重要的事是以智性去理解世界。他们确信人类的智力可以穷尽真相，世间没有什么东西非凡到不能被领悟。他们对每一件不能在智性框架里得到自圆其说的事情均持怀疑态度，但他们却幼稚地对自己的科学方法从不怀疑。比之人的上下求索所经历的开悟过程，他们对自己的思维结果更感兴趣。罗素在他的《哲学论文集》中讨论实用主义时谈及这一类智性的传统规则，他认为："实用主义对人的心智有着一种怡情的吸引力：它能找到这个星球表面所有想象得到的实物；它对进步充满自信，对人类力量遭遇超越人类力量的制约则无所察觉；它热衷战斗，即使参战者冒着巨大风险，因为它对自己的战无不胜从未生疑；它对宗教有着强烈需求，一如需要铁路和电灯，但宗教对实用主义而言只是一帖安慰剂和一个解决尘间事务的帮手，而不是为了提供一些超越人类的东西以满足人类追求完美或无保留地崇敬的饥渴。"

在罗素看来，理性思维和实用主义相反，所追求的不是一个确定的结果，而是一场冒险的探索，是一个自我解放和激发勇气的行为。理性使得思想者的意识更清醒、更活跃。

伯特兰·罗素是一位有信仰的君子。他的信仰不是神学概念上的信仰，而是相信理性的力量，相信人类可以通过自身努力创造属于自己的天堂。他在《氢弹危及人类》(*Man's Peril from the Hydrogen Bomb*，1954）中写道，人类存在迄今至多一百万年的时间，以地质年代计，可谓短暂之极。但人类所取得的成就，特别是最近六千年来取得的成就，至少从我们目前了解的情形看，是宇宙历史上前所未有的。亿万斯年，日出日落，月圆月缺，繁星在夜空闪烁，只有随着人类的出现，这些现象才得以理喻。在天文学的广袤世界，在原子的纤微世界，人类揭开了那些从前以为永远无法知晓的秘密。在艺术、文学和宗教领域，一些人展示出的情愫升华，惠及整个种类，使之值得留存。难道因为人们只考虑这个或那个集团的利益而几乎没人能够考虑全人类的利益，这一切就都将结束于无价值的恐怖之中？难道我们人类如此缺乏智慧，缺乏公正博爱的能力，盲目到连最简单的自我保全的指令都视而不见，以至于最后一项证明其愚蠢的“聪明”行为竟是将这个星球上的生命全部赶尽杀绝？——彼时，不唯人类遭遇灭顶之灾，便是那些与共产主义或反共产主义罪名毫无干涉的动物和植物也同罹此祸。

“我不能相信这将是人类的最终结局。我希望人们暂且放下他们的争执静心反思：如果他们允许自己存活下去，就有每一个理由期待未来的胜利无与伦比地超越过去的胜利。如果我们愿意选择，前方路上我们可以选择不断增进我们的幸福、知识和智慧。难道我们仅仅因为放不下那些争执而就此选择死亡？我作为人类一员向人类的其他成员呼吁：谨记你们的人性，忘却其余。如果你们能这么做，前方是通向新天堂的坦途；如果你们不能这么做，前方就是全世界的绝路。”

这种信念深植于一种品质——**对生命的热爱**。若是没有这种品质，我们就难以深刻理解罗素的哲学和他的反战言行了。

对许多人来说，这未必有什么起眼之处；大家相信凡人都是爱生命的。难道一个人生命受到威胁时，不是抓住每一个求生的机会么？难道一个人不享受生活带来的巨大乐趣和诸多兴奋刺激么？

首先我们要看到，人们在生命受到威胁时，并不见得会抓住每一个求生的机会，否则就难以解释他们在受到核武器屠杀的威胁时那种无动于衷的态度了。其次人们混淆了兴奋和愉悦这两种感觉，混淆了紧张刺激和热爱生命这两个概念。他们属于“在丰盛的物质世界里感觉不到幸福的人”。事实上，人们称颂资本主义的所有美德——个人的原创力、敢于冒险、独立性——在西部人和流氓圈里大体上还能找到，而在工业社会中早已销声匿迹了。在官僚化和集约化的工业社会里，越来越多的人，无论属于何种政治意识形态，都已对生活感到厌倦；为了摆脱这种无聊烦闷，他们倒真的宁愿一死。这些人口头上虽说“宁死不被赤化”，但心底里却说“死了比活着好”。如前所述，我们可以从法西斯分子那里找到这种倾向的极端例子，他们的座右铭正是“死亡万岁”。认识这种极端倾向最为深刻的当属米盖尔·德·乌纳穆诺（Miguel de Unamuno）。时值西班牙内战之初，乌纳穆诺在萨拉曼卡大学担任校长，这也是他生命中最后一次在萨拉曼卡大学公开讲话。当时将“死亡万岁”奉为座右铭的米延·阿斯特赖（Millán Astray）将军在发言，礼堂后排即有其追随者高呼口号。阿斯特赖演讲结束后，乌纳穆诺起身说，“……刚才我听到一句恋尸狂的愚蠢叫喊——‘死亡万岁’。我这人毕生都在写悖论，招惹了他人不能理解的无名火。我得说，作为这方面的专家，刚才那个出格的悖论在我听来非常恶心。米延·阿斯特赖将军是个残废人。这样说没有轻蔑的含义，是战争使他残废的。塞万提斯也是如此。不幸的是现在西班牙有太多的残废人。如果上帝不来拯救我们的话，不久还会有更多。我感到痛苦的是米延·阿斯特赖将军竟能左右大众心理学的模式。一个没有塞万提斯那种伟大精神境界的残废人，会习惯在其周围制造更多的残废，来寻求一种不祥的安慰。”听到这里，米延·阿斯特赖将军再也无法控制自己，“知识滚开！死亡万岁！”他大声吼叫，一批佛朗哥分子则在一边喧嚣地为他助阵。但乌纳穆诺不理会他们：“这里是知识的殿堂。我是这里的主事。是你在亵渎这片神圣领地。你能赢，因为你具有别人无法企及的蛮力。但是，你不能使人信服。使人信服要靠一些东西：这就是斗争中的理性和正当性，而这两者你无一具备。我认为奉劝你多为西班牙着想是徒劳的。我说完了。”

然而，被乌纳穆诺称之为恋尸狂的为死亡所吸引的念头不单单为法西斯分子所独有。这种现象反映在一种文化的深处，即由不断扩大的官僚集团（诸如大公司、政府、军队）控制的文化，和以人造物、各类装置、机器等为中心地位的文化。官僚工业主义倾向于将人转化成无生命的物体。它倾向于用技术设施取代自然，用无机物取代有机物。

最早表达这种热衷摧毁、迷恋机器、蔑视女性（女性作为生命的表现形式对于男性的意义和男性作为生命的表现形式对于女性的意义完全一致）的言论之一，是1909年马里内蒂（Marinetti，后成为意大利法西斯主义在知识分子中的领军人物之一）主导的“未来主义宣言”：

> ……第四条，我们宣布一道新的美景为世界的辉煌增色，这道美景叫做速度。一部风驰电掣的汽车，它的构造满是了不起的各种管道，像一条条呼吸充满爆发力的蛇……一部轰鸣的汽车，就像在榴霰弹上碾过，它比胜利女神之翼更亮丽。

第五条，我们要歌颂把持方向盘的人，那杆理想的柄刺穿地球，飞跃在它的运行轨道上。

……第八条，当我们必须跨过神秘的大门去完成不可能的任务时，我们为什么还要向后张望？时间和空间于昨日都已死去。我们正生活在不受干扰的绝对之中，因为我们创造了速度、不朽和永恒的现在。

第九条，我们赞美战争——它是世界上唯一赐人以健康的东西，我们赞美军国主义、爱国主义、无政府主义者捣毁一切的铁臂，杀戮的美妙主张，对女人的鄙视。

第十条，我们要砸烂博物馆、图书馆，与道德主义和女权主义斗争，与一切机会主义和功利主义的卑劣行径斗争。

的确，在人类中，眷恋生命者和眷恋死亡者之间的差别判若天渊，再没什么其他差别能与之相提并论的了。那种对死亡的眷恋是典型的唯人类才有的东西——人是世界上唯一能够感到无聊的动物，也是唯一能够眷恋死亡的动物。当一个无能者（此非指性无能）不克创造生命，其竟然是可以使用摧毁的方式来超越生命的。在活着的情况下眷恋死亡，这是一个终极意义上的悖谬。这里面一些人是真正的恋尸狂，他们鼓动战争、礼赞战争，即使他们很可能根本不知自己出于什么动机，还将这种欲念说成为了生活、荣誉或自由的合理目的。这类人也许是极少数；但是另一些多数人从来没有在生死之间作出过选择，这些人不想选择，于是逃避到了忙碌中。他们并未称颂破坏行为，但他们亦未礼赞生命。他们在生活中找不到快乐，因而也缺乏必要的动力来强烈抵制战争。

歌德曾说过，信仰之有无构成不同历史时期最深刻的分野。他又补充说，所有新纪元来临时，但凡信仰主宰了人们的生活，这个朝代就蒸蒸日上、兴旺繁荣；但凡人们失去了信仰，这个朝代就凋敝消亡，因为没人愿意将自己奉献给一个没有结果的朝代。歌德这里说的“信仰”，是深深扎根于挚爱生命之土壤的。创造热爱生命的环境的各种文化，都是有信仰的文化；反之，不能培养热爱生命的文化也培养不出信仰。

伯特兰·罗素是一位有信仰的君子。读他的书，看他为谋求和平所参加的活动，我感到他整个人的主要动力都来源于对生命的热爱。因为他热爱生命，热爱生命的每一种表现形式，他警告人们世界将大难临头，先知们也正是这么做的。但他又不是一个决定论者，这点也和先知们一致，他不会宣称历史的未来已经命定如斯。他是一个“选择论者”——所谓决定，不过只是有限的几个可以明辨的不同选择而已。我们的选择在结束核武器军备竞赛和毁灭世界之间。这位先知的声音是否能够压倒死亡和疲惫的声音，取决于世间生命力的活跃程度，特别是年轻一代对生命持有的态度。若吾辈不久的将来灾及灭顶，则勿谓言之不预。

第五章　以人为重

当中世纪撕开一道大大的口子之后，西方人似乎终于踏上了实现其最伟大梦想和精锐抱负的发轫之程。他们将自己从一个极权的教会势力那里解放出来，同时也摆脱了传统的思想束缚和地球上只开拓了一半版图的地缘限制。他们发现了自然和个人。他们意识到了自身的力量，意识到了驾驭自然和传统既定环境的能力。他们相信自己能够造就一种综合体系，使自己新获的力量感和理性与人道主义精神传统的精神价值观共生息，使先知理念（人类的历史进程中终将实现的普世和平与公正）与希腊传统（理论思辨）共生息。文艺复兴和宗教改革之后的几个世纪中，他们建立起一套新的科学体系，从而释放了史无前例的生产力，完成了向物质世界的全面转化。他们还建立了各种政治体系，这些体系似乎能保证个人的自由和创造发展；他们大量减少工作时间以保证充分享受休闲的乐趣，这种生活对于其父辈祖辈来说简直如同天方夜谭。

然而我们今日身处何方?

世界分成了资本主义和共产主义两大阵营。两大阵营各自相信他们掌握着通向积聚了世代人类希望的钥匙；两个阵营都认为，尽管他们不得不同时存在，但他们的制度是水火不相容的。

这种说法有道理吗？难道他们不是处于同一进程中——都在并入一种“工业化新封建主义”，并入各类工业化社会——这些社会由庞大的、强有力的官僚机构引领并操纵，在这些社会中，个人成为饱食终日、娱乐终日的自动机器，丧失了个性、独立和人性？我们不得不屈从于这样一个事实——人类能够掌握自然，将物质生产提高到空前的程度，但代价是放弃生活于一个团结和正义的新世界这样的希望；而且这样的理想终将在一个徒有其表的技术“进步”概念中荡然无存。

除了资本主义和共产主义这两种管理化的工业体制，难道就没有其他出路了么？我们难道不能建立一个工业社会，生活于其中的个人保持积极负责的成员地位，主动地控制环境而不是被动地由环境控制？经济财富和人类完善难道真的不可兼得？

这两大阵营不但在经济和政治上相互较量，他们同时还被一种相互设防的恐惧弄得惶惶不可终日：害怕对方可能率先发动核战，就算不能使整个文明覆灭，也可能使双方同归于尽。的确，人创造了原子弹，这个结果成为人类智力的非凡业绩之一。但是他们丧失了对自己创造物的掌控能力。原子弹变成了主宰，自己一手制造的东西反过来变成了最危险的敌人。

事到如今还有转圜的时间吗？我们能否成功逆转这一进程去控制局面，而不是听凭形势控制我们？我们能否克服骨子里的野蛮，克服一味使用武力、暴行、屠戮，去试图解决那些靠这些手段永远都**无法**解决的问题？我们能否弥合非凡的智力成就和落后的情感道德之间的这道鸿沟？

为了回答这些问题，有必要更为深入地检视西方人目前的处境。

对于大多数美国人而言，这种大工业组织模式的成功有目共睹且势不可挡。新的生产力——蒸汽、电力、石油、核能——和新的工作组织形式——集中计划、官僚管理、不断细化的劳动分工、产业自动化——这两者的共同作用在大多数发达的工业国家中创造了物质的财富，使他们大部分人口在上个世纪过的那种极端贫困的生活得以彻底改观。

过去一个世纪以来，工作时长也从每周七十小时降至四十小时；随着自动化程度的不断上升，人们每日的工作时间有望进一步缩短，从而使他们获得过去未敢梦想过的大量闲暇。基础教育普及到每一个孩子；高等教育占了总人口中的相当比重。因为人们有了更多的消遣时间，电影、广播、电视、运动和各种业余爱好都成了休闲的重头戏。

诚然，开天辟地以来，生活在西方社会的大部分人——很快将会是生活在西方社会的所有人——似乎第一次不再为缺衣少食的物质窘境而挣扎，转而主要考虑如何生活得更好。祖祖辈辈最温馨的梦想似乎已经触手可及，西方社会似乎已经找到了什么是“美好生活”的答案。

就在北美和西欧的大部分民众分享着这一愿景时，越来越多敏锐的有识之士看到了迷人画面中的瑕疵。他们首先注意到，即便在全球最富裕的国家——美国，也约有五分之一的人口并未加入大部分民众眼中美好生活的行列，而相当数量的公民并未达到维持体面生存所需的最基本的物质生活标准。他们进一步注意到，全球三分之二以上人口——那些几百年来成为西方殖民主义对象的人口——的生活标准，仅为我们的二十分之一至十分之一不等，这些人的寿命只有美国人平均寿命的一半。

有识之士们蓦然发现我们的制度其实被很多不合理的矛盾现象裹挟着。我们有数以几百万计、海外有数以几亿计的人口食不果腹，但我们却限制农业生产，而且每年支出几亿美元来贮藏我们的剩余。我们生活丰裕，但没有令人愉悦之物。我们的财富变多，但自由变少。我们越消费，就越空虚。我们拥有更多的核武器，却感到更少保障。我们接受了更多教育，但思维判断力和信念力却每况愈下。我们越来越信仰宗教，同时又越来越依赖物质。我们口口声声提倡美国传统，这本该是完全的人道主义精神的传统，但又管那些力图将此传统应用于当代社会的人叫做“非美人士”（un-American）。

无论如何，就算我们和大多数人一样自我安慰地假设，也许要不了几代人，整个西方社会乃至全世界都会走向经济富裕，这个问题依然存在：**如果我们继续前进在这条工业化系统的道路上，人类会变得怎样，又会最终走向何方**？

我们这个系统成功地解决了一些**经济的**问题，但这些因素在引领我们解决**人的**问题时却屡试屡败。为了理解这一现象，有必要解析一下富有二十世纪特色资本主义的一些典型性质。

资本的高度集中致使超大型企业形成，管理这些企业的是层级森严的官僚制度。数目惊人的工人聚在一起工作，他们构成一部巨型生产机器的一部分；而这部机器一旦运转，就必须运转得畅顺，没有摩擦、没有停顿。产业工人和职员变成机器上的一颗颗螺丝钉，他们的功能和活动由他们置身其中的整个组织结构来决定。在大企业，生产资料的法定所有权与经营权是分离的，业主已经不再重要。大企业由官僚气十足的管理层营运，这些管理部门虽然法律意义上不拥有这家企业，但社会意义上实然。现在的职业经理人不具备老一辈企业主的品质——个人主动性、胆识、冒险精神，却沾染了一身的官僚习气——缺乏个性、缺乏激情、缺乏想象力、患得患失。他们既管物又管人，可是他们将与人的关系和与物的关系变成了同一种关系。管理层虽然没有法定所有权，但他们实际上把持着企业；这些人事实上既没有对股东负责，也没有对企业中的员工负责。听上去大公司掌握着最重要的生产行业，但真相是这些大公司被他们的最高层雇员操纵于股掌之中。这些庞大的公司企业控制了经济，在很大程度上也控制了政治和国家的命运，但其建制恰与民主程序南辕北辙：**由跪倒在权力面前的人来代表毫无制约的权力。**

除了工业上的官僚，我们人口中的大多数还受到另一些官僚势力的管辖。首先是来自政府的官僚势力（包括军队的官僚势力），它以这种或那种形式影响和指导着几百万人的生活。而且工业官僚、军队官僚和政府官僚几方面在行动上，尤其是人事上，越来越交织渗透。随着不断扩张的巨型企业的出现，工会也发展成为一台大官僚机器，个人几乎没有表达意见的余地。许多工会领导人本身就是企业管理官僚阶层成员，与企业领导人同声同气。

这些官僚人员均无计划、无远见，这是官僚管理的本质使然。当人被转化为物品并像物品一样被管辖，其管理者们本身也变成了物品；而物品是没有意志、没有远见、没有计划的。

由于对民众实行了官僚化的管理，民主程序也蜕变为某种仪式。无论是一个大公司的股东大会、一次政治选举，还是一次工会集会，无论是作出决策的当下，还是参与决策的形成过程，都几乎看不到个人在其中的影响力。特别在政治领域，选举更是越来越弱化为公民对两组候选的职业政客之一表示偏好的投票；个人充其量只能说这种“被管理”得到其同意而已。而让民众表达同意的手法却充满了诱导和操纵，结果最基本的决策——那些关乎和平与战争的外交政策——便由小集团制定了，而这些小集团普通民众几乎都没有听说过。

民主的政治理念，正如美国的开国之父们构想的那样，并不纯粹是政治理念。它们根植于一片精神传统的土壤，从先知式的对救世主的信念而来，从福音书而来，从人道主义而来，从十八世纪启蒙主义的先哲而来。所有这些理念和运动都围绕着一个希望，那就是使人在发展进程中将自己从贫穷、愚昧、不公的环境下解放出来，建立一个人与人、人与自然相处都呈现和谐、安宁、天下大同的社会。西方思想最突出的元素，就是人们一直相信历史进程有一个目的，相信人能在历史进程中日臻完善。这就是美国传统赖以生存的土壤，也是美国人汲取力量和生机的源泉。然则这一人类和社会自我完善的理念现在实践得如何？现在这一理念已经退化成了一个扁平的“进步”概念，其视野局限于生产越来越精美的**物品**，而不再代表那个处处洋溢着活力和创造力的**人**的今生。如今我们的诸多政治观念已经远离了它们的精神本源。它们变成一种权宜之计，衡量它们的标准也只是能不能帮助我们将生活水平提得更高和使政治管理更有效而已。如果没有了人们发自内心的支持和渴望作为基础，政治观念就徒剩一具空壳，权宜之计一声令下便可被弃如敝屣。

个人受到管控和操纵之处不止在生产领域，还在那个据称是最能体现个人自由选择的消费领域。不论消费的是食品、衣物、烟酒，还是电影或电视节目，商家都会启用一种强有力的诱导机制以达到两个目的：一是不断培养消费者对新商品的嗜好，二是将这些嗜好引向产业中利润最高的领域。资本在消费品产业的大规模投入以及几家巨头企业间的激烈竞争注定不能听凭消费行为自由发挥，商家也不会给消费者买多少和买什么的自由选择机会。必须不断刺激消费者的食欲，并使得消费者的口味在商家的操控、调节、预测之中。人只剩“消费者”这个身份，一味地吮吸，一味地希望消耗更多“更好”的东西。

就在我们的经济体制丰富了一个人的物质生活的同时，却使其作为人的那部分生活日渐贫乏。尽管所有宣传口号都在营造一个信仰上帝、关心理想和精神诉求的西方世界，但我们的体制却培养了一种物质的文化和物质的人。在工作时间，这个人作为生产队伍的一员受着企业的管辖，但在业余时间，人仍受着某种操纵力影响去做一个完美的消费者，别人说喜欢什么就喜欢什么，而且还把这误认为是自己原本的品位。人被一些标语、建议和不真实的声音反复冲击，直至丧失了最后残存的一点真实意识。孩提时代，人的成长环境就不鼓励去追求真实的信念。人的头脑因此也少有批判性思维，甚至少有真实的感受。如此一来，唯一使其避免不可忍受的孤独和失落的办法，就是别人做什么自己也跟着做什么。人无法作为一个主动的担当者去体验自身的能量和内心的富足，只能作为一个积弱的“物体”，靠的是身外的力量，即其投入的生活物质所产生的力量。人从自身异化出来，拜倒在自己双手生产的物品脚下。人向自己制造的东西、国家政权以及亲自选出的领袖人物们鞠躬致敬。人自己的行为渐渐变成一股异化的力量，原应成为这股力量的主宰，现却遭遇它的监管和反制。历史上，我们制造的物品从未像今天这样整合在一起，裹挟着我们身外的客观力量来战胜我们的掌控、打败我们的预期、彻底改写我们的计算结果；这股合力成了决定我们发展的关键因素之一。人造产品、机器、国家都一一成为现代人的膜拜对象，而这些膜拜对象又以一种异化的形式代表了人自己的生命力。

马克思说得一点不错，他认识到“所有身体的和心智的感觉之处都被所有这些异化的自我感觉所占据，被‘拥有’的感觉所占据。私有财产把我们变得如此愚蠢和低能，以至于物品必须等到我们**拥有**了它们的时候才属于我们；也就是说，非得等到它们以资本的形式为我们所有，被我们吃、被我们喝，一句话，被我们消耗，才作数。但无论拥有多少财富，我们仍然难逃困厄，盖因我们虽然**有**很多，却仍**是**渺小的”。

普通人最终失去了安全感，他们孤独、压抑，虽然吃穿不愁，却无快乐可言。生命对人并无意义；人朦胧地觉得生命的意义无法从那个唯一的“消费者”身份中去找寻。人很难忍受既不快乐又无意义的生活，但事实是这个体系给人提供了无数逃避的途径——从电视节目到镇定剂——让其忘却正在失去生命中越来越多最可贵的东西。尽管所有宣传口号都说得头头是道，事实是我们正在快速地进入一个由官僚体系管辖的社会，这个体系管辖着的是大众人，饱食终日、无所用心、人性消泯、精神颓废。我们制造出像人的机器，又制造出像机器的人。半个世纪前，社会主义制度遭到最严重的诟病，即它导向统一的形式，官僚化管理、中央集权、无灵魂生活的唯物主义——现在这一切都在资本主义制度中上演了。我们大谈自由和民主，然而越来越多的人不敢承担自由的责任，反倒更乐得处于一种像肚子填饱的机器人那样的奴役状态；他们对民主也没有信心，觉得还不如省点儿心让政治专家去作决定。

我们利用收音机、电视机和报纸创造了一种广布的传媒系统。然而民众被传媒系统误导或灌输，并不能如实了解政治和社会现状。我们的舆情具有相当程度的趋同性，若考虑到此一结果产生于恐惧和政治压力，这就很容易理解了。但其实我们的体制原本正是建立在人们拥有否决权，以及人们偏向多元表达意见的基础上的，现在却变得所有人都“自愿地”举双手赞成。

意义含混、内容空泛的表述成了自由企业制国家的通则，而它们的反对者也采取同样的策略。后者称为“人民民主”，前者称多数独裁者为“热爱自由的民众”——如果他们结成政治同盟的话。至于五千万美国人罹受核武器攻击的可能性，却被轻描淡写为“不惜一战”；而有人还用“一决胜负”来形容他们的胜利。其实任何头脑清楚的人都知道在核战的大屠杀中，谁都不会成为赢家。

教育，不论是初级教育还是高等教育，都达到了一个峰值。但人们即便是受到了更多的教育，他们的理性、判断力和信念却反而不如从前。他们充其量提高了智力水平，但他们的理性，即他们透过现象看本质——看到个人和社会生活中真正的支撑力所在——的能力却每况愈下。思考日益脱离感受；人们对待盘踞在头顶上核战争威胁阴云的容忍，说明已经到了必须质问现代人的精神是否仍然健全的时候了。

人，本应是自己所制造的机器的主人，现在却变成了机器的奴仆。但人生下来不是为了变成一件东西的；即便人享受着各种消费的满足，其生命力却不能长期处于一种闲置的状态。我们只有一个选择，那就是重新成为机器的主人，将生产作为一种手段而不是一种目的。生产是为了人的发展，否则受到压制的生命能量就会变得混乱无序，以破坏的形式呈现出来。不愿死于无聊的人就会摧毁生命。

我们能否造就一种社会和经济组织模式，使之为人的这种处境负起责任？如上所述，我们的产业系统，它的生产方式和消费方式，它所培养的人的关系，正是人类目前处境的始作俑者。这并非说它有意要如此设计，亦并非个人的邪念为之，而是因为这个社会结构使得普通人在生活实践中已经被塑造了这种性格。

毋庸置疑，资本主义在二十世纪采用的系统和十九世纪相比判若云泥——它们的差异如此之大，恐怕难以归为同一种名称。资金在巨型企业中的天量聚集，所有权和经营权的进一步分离，强大工会的存在，国家对农业和部分工业的补贴，“福利国家”的因素，价格控制因素和一种受引导的市场因素，以及其他诸多特征，将二十世纪的资本主义和以往的资本主义从根本上区分开来。但无论我们用什么样的词语，新老资本主义是存在着某些共同的基本要素的。它们都相信给每个人带来最好的结果是个人主义和以自我为本位的行为，而不是团结友爱。它们认为社会生活应该由市场这种客观机制来调节，而非人的意志、眼光、筹划等。资本主义将物（资本）置于生命（劳动力）之上。财产，而非行动，构成权力的来源。当代资本主义为人的拓展设置了额外的障碍。它要求工人、职员、工程师、消费者组成一个天衣无缝的工作团队，因为官僚机构领导的大企业需要这样的组织和与之相适应的“组织人”。我们的系统必须培养那些能满足系统需要的人；这些人数量庞大，彼此顺利合作；这些人会消费得越来越多；这些人的品位有着统一的标准，并且很容易被预测到，也很容易跟着潮流走。这个系统需要的人，既要有自由感和独立感，不受权威或良心原则制约，又要自觉自愿地跟着命令做合乎期望的事，在社会机器中平滑运作。这些人不靠武力指挥，不靠领袖引导，不靠目标激励——除了那种促使其成功，促使其一刻不停运作的目标。指导生产依赖的是资本投入必须获得利润的原则，而不是依赖以人们的实际需要进行生产的原则。现在任何东西，广播、电视、书籍、医药，无一不服从利润原则；人们则被操控着进行某些常常是毒害精神的消费，有时这种毒害还殃及身体。

我们的社会不克履行以精神传统为本的人类抱负，其最直接的后果是难以面对我们时代的两个有燃眉之急的实际问题：一是和平问题，二是西方的富有和世界上三分之二人口的贫穷之间的平衡问题。

现代人之异化带来的诸多后果使其解决上述问题变得愈发艰难。因为人的拜物行为，因为人丧失了对自身的和对同类的生命的敬畏，人不但置道义于不顾，甚至在威胁到其生存时，竟还置理性于不顾。核军备很可能导致全球覆灭，这是最清楚不过的；即便核战未打起来，那种恐怖的、疑虑的、兵营化的核竞赛气氛，也都是自由和民主的生存大敌。同样最清楚不过的，是贫富国家之间的经济鸿沟将引发暴力冲突和独裁。但解决这些问题的方案，却只有些半心半意且毫无成效的试探。我们似乎真的可以这么认为，诸神要使这些人灭绝，因此蒙住了这些人的眼。

以上我们涉及的只是资本主义的记录，社会主义的记录又如何？社会主义的意图是什么，那些曾有机会欲臻此意图的国家究竟实现了什么？

十九世纪的社会主义，不论是马克思的形式还是诸多其他形式，均欲通过创造物质基础去实现人人同享尊严的生活。它要让工作指挥资本，而不是资本指挥工作。对于社会主义而言，工作和资本不仅是两个经济范畴，它们代表的是两种原则：资本代表物质财富积累原则，关乎“**有**”什么；而工作代表人的能力和生命力，关乎“**是**”什么、“成为”什么。社会主义者发现在资本主义中，物资指挥生命，“**有**”高于“**是**”，过去指挥现在，他们于是想要将这种关系扭转过来。社会主义的目标是人的解放，让人重新凭着不被异化的、健全的人格，与同类和与自然都分别建立一种全新的、深厚的、非外力诱发的关系。社会主义的目标是使人打破束缚的桎梏，摒弃幻想和不切实际之见，将自己转化成能够创造性地运用自身情感力和思想力的人。社会主义培养人的独立，使人有自己的主见；它相信人只有“对自己的生存状况负责，只有他在处理与外部世界的每一项关系——无论这关系是看、听、嗅、尝味、触、思想、意愿、爱欲，简言之，只有他肯定和展示了个人特征的所有组成部分”（马克思语），才能真正站稳脚跟。社会主义的目标是实现人与人的和谐相处、人与自然的和谐相处。

这些社会主义者颇不同意马克思和其他社会主义者经常重申的一套耳熟能详的说辞，即最大程度获取物质的愿望是人类最基本的驱动力。他们相信是资本主义社会的结构使人将物质利益作为最强动力，社会主义则应该允许那些非物质动力各显神通，将人从物质利益的奴役中解放出来。（曾有人一方面谴责社会主义所谓的“唯物主义”，一方面又以唯有“利益驱动”方可促人竭尽所能的论调来批评社会主义，这些言论不失为人类自相矛盾能力的一个悲哀的注释。）

社会主义的目标是实现人的个体性，而非一致性；它让人摆脱经济制约，不再将物质利益作为生活的主要关注点；它提倡所有人精诚团结的体验，反对一个人对另一个人的操纵和控制。社会主义的原则是将每个人本身作为生活的最终目的，人永远不应将自己变成另一个人的工具。社会主义创立的是这样一个社会，生活在其中的每一位公民都积极负责地参与制定每一项决策；每个公民都能参与，因为其是一个人而不是一件物品，因为人有自己的信念而不是合成的意见。

对社会主义而言，不唯穷困是一件坏事，富裕也是。物质的贫乏使人无从过上人道丰足的生活。而物质财富，有如权力，又能对人造成腐蚀。财富会破坏人们原本生活中固有的分寸感和限度观念；它使人制造出一种虚幻和几近疯狂的感觉，认为人是众人中的“唯一”，不受其他人过的那种普通生活的制约。社会主义需要的物质舒适是为了生活的真正目的所用，它不主张个人财富的积聚，以免对社会和对个人造成危害。事实上，社会主义之于资本主义的对立正是这个原则的对立。资本主义的逻辑是物质财富多多益善，社会主义认为多多益善的应该是人的生产力和生命力以及人的幸福感；他们追求物质舒适是以帮助人实现前述目标为限度的。

社会主义希望最终废除国家机器，这样需要管理的只是物资而不是人民。它要实现的理想是无阶级社会，在这个社会中，每个人都重新获得自由和主动权。十九世纪直至第一次世界大战初在欧洲和美国存在的社会主义思潮，是这两地最有意义的人道主义的精神运动。

但是社会主义的实践究竟如何？

在它想取而代之的资本主义精神面前，社会主义还是缴械投降了。它原本应该被理解为一个解放人的运动，但它的许多追随者，连同它的反对者，都仅仅将它看作一个提高工人阶级经济生活水平的运动。社会主义的各种以人为本的目标被置之脑后，或成了有名无实的应景之作；它和资本主义如出一辙，将所有的精力全部放在经济增长的目标上。正如民主理想失去了它的精神支柱，社会主义理想也失去了它最厚重的根基——那种有如先知对救世主信仰般的对和平、正义和人类博爱的信仰。

于是社会主义成了工人们在资本主义**体系内**取得地位的一件工具，它未能超越资本主义结构。社会主义不但未能改变资本主义，反而被资本主义的精髓渗透。1914 年，社会主义运动的领袖们宣布放弃国际联合；与他们曾经作为纲领的国际主义及和平理念相对立，他们选择各自维护自己国家的经济和军事利益；是时，社会主义已经遭遇了彻底的挫折。

社会主义被误解为一个纯粹的经济运动，人们认为社会主义的主要目的是生产资料的国有化；这种误解同时发生在社会主义运动的右翼和左翼人士身上。欧洲社会主义运动改良派领袖认为他们的首要任务是在资本主义制度中提升工人的经济地位，他们认为最根本的措施是将一些大企业收归国有。直到最近，许多人才慢慢意识到将企业收归国有本身并不能实现社会主义，工人们不论受私营企业任命的官僚机构管辖，还是受公营企业任命的官僚机构管辖，本质上没有多大区别。

苏联共产党领袖同样用纯粹的经济方式来解释社会主义。但生活在一个与西欧相比欠发达的国家，且缺乏民主的传统，苏联领导人采用的是集权的手法强制进行快速资本积累，以走完西欧十九世纪的发展历程。苏联发展出一种新型的国家资本主义模式，事实证明这种模式在经济上是成功的，但在人道上起了破坏的作用。他们建立了由官僚主义制度管理的社会，在这个社会里，阶级之间的壁垒——不论在经济收入上还是在拥有权力强迫他人服从的意义上——与当今任何一个资本主义社会相比，其深度和强度绝对有过之而无不及。他们自定义为社会主义制度，因为他们将全部经济都进行了国有化，但是在现实中，他们的制度对真正的社会主义理念——肯定人的个性，使之充分发展——是一种否定。他们的民众为资本的快速积累不得不做出难以忍受的牺牲；为了赢得这些民众的支持，他们必须将社会主义和民族主义结合起来形成一系列思想体系，以这种方式维持与被统治民众之间的勉强合作。

到目前而言，自由企业制度是优于其他制度的，因为它保存了政治自由，这是现代人取得的最伟大的成就之一；有了政治自由，人的尊严和个性得到尊重，才将我们和人道主义最基本的精神传统联系了起来。政治自由使得批评和建言成为可能，人们可以提出有助益的社会变革建议，这在苏联那样的国家是行不通的。但我们可以预料的是，一旦苏联的经济发展达到了西欧和美国目前的水平，亦是说，一旦他们能满足民众过上舒适生活的要求，他们就不再需要集权，而是转向使用和现在西方同样的操控手段：暗示和利诱。这一发展将带来二十世纪资本主义和二十世纪共产主义的大汇合。这两个制度的基础都是工业化，都以不断增长的经济效益和经济财富为目的。两种社会都在管理阶层和职业政客的控制下运行。他们骨子里持的是唯物主义观点，尽管表面上西方社会将基督教思想挂在嘴上，东方社会则尊崇凡俗的救世主。他们以一种集权的系统，以巨型工厂、群众政治集会等方式将民众组织起来。两种制度中，如果他们各自沿着既往的路径往下走的话，社会上有创造活力的、会思考的、有感觉的人就会不知所踪，取而代之的是大众人、异化人，是一些衣食无忧、娱乐至死、跟着官僚指挥棒转的机器人，而官僚们也和大众人一样没有人生目标。**物质**排在万事之首，人则如行尸走肉；人只会**空谈**自由和个性，实际上什么都不**是**。

我们今天身处何方？

资本主义以及某种庸俗化的、扭曲的社会主义使人濒临变身非人机器的危险。人站在全面的自我毁灭的边缘，眼看就要失却心智。人类只有充分意识到自己的处境，意识到自己的患难，从而形成一种生活的新视野——实现人类的自由、尊严、创意、理性、公正、团结，才能将我们自己从几乎肯定的衰败、丧失自由或毁灭中拯救出来。我们并不是只能在自由企业管理系统和共产主义管理系统这两者之间作选择。我们还有第三种方案，这就是民主的、人本主义的社会主义（humanistic socialism）；它秉承社会主义的原始理念，提供了一种新型的、真正的人类社会的卓识远见。

第六章　人本主义的社会主义

基于对资本主义、共产主义和人本主义的社会主义进行的大体分析，一项社会主义纲领必须在三方面回答以下不同的问题：支持一个社会主义政党理念的各项**根本原则**是什么？社会主义者为之工作的人本主义的社会主义的**中期目标**是什么？如果中期目标尚未具备条件达成，社会主义者为之工作的**近期目标**又是什么？

支持一个社会主义政党理念的各项**根本原则**是什么？每一个社会和经济体制都不仅是一个**处理物质与机构之间关系**的专门系统，而是一个**处理人际关系**的系统。社会主义的任何理论和实践都要以是否对人类关系有助益这个标准来检验。

在所有社会和经济活动中，最高价值是人；社会的目标是营造各类环境，让人充分发展其潜能、理性、爱和创造力；所有社会活动都必须有助于克服人的异化和缺陷，使人真正实现自由和发挥个性。社会主义旨在建立一种同盟，在这种关系中，全民的充分发展是以每一个人的充分发展为前提条件的。

社会主义的最高原则是将人置于物之上，将生命置于财产之上，因而也将工作置于资本之上；它使权力归属于创造，而非归属于财产；它使人管理环境，而非环境支配人。

在人际关系中，每个人的存在本身就是其目的，决不能被迫成为达成他人目的之手段。从这一原则衍生出另一原则：任何人都不应被迫屈从于另一个人，仅仅因为后者拥有资本。

人本主义的社会主义扎根在世界大同和全人类团结这样一个理念中。它反对任何形式的国家崇拜、民族崇拜或阶级崇拜。人的最高忠诚应付诸人类，付诸人道主义的各项道德准则。人本主义的社会主义努力振兴那些在西方文明基础上建立的理念和价值观念。

人本主义的社会主义从根本上反对任何形式的战争和暴力。它认为任何欲以战争和暴力解决政治和社会问题的企图非但无效，更是不道德的和反人类的。因此它毫不妥协地反对任何试图以武器军备谋求安全的政策。它认为和平不止于使战争偃息，更是人际关系的一项积极原则，所有的人都以自由合作为基础而获得共同利益。

从社会主义的各项原则出发，社会中的每一个成员都感到不仅要为本国公民负责，还要为世界公民负责。人类达三分之二之众生活在赤贫中，这种不义的现象必须通过更大努力予以消弭。迄今为止，发达国家在帮助不发达国家达到满足民众基本生活所需的经济水平这方面的努力尚远不足够。

人本主义的社会主义象征自由。它象征远离恐惧、远离欲望、远离压迫、远离暴力的自由。但自由不仅是**远离**一些东西，它还要**迎向**一些东西。自由代表积极地、负责任地参与关于公民的所有决策，自由代表将每个人身上的潜力发挥到最大的限度。

生产和消费必须从属于人类发展的需要，而非本末倒置。因此所有的生产都必须在社会效用的指导原则下进行，而非受一些个人或公司的物质利益操控。职是之故，倘使必须在谋求更多生产和谋求人的更多自由和成长之间做选择，则所选择的应该是人的价值而非物质的价值。

在社会主义的工业化体系中，所要达到的目标不是最高的**经济**生产力，而是最高的**人的**生产力。这意味着占用人的大部分精力的事情，无论是工作还是闲暇，对人而言都应该是有意义的和有兴趣的。这些活动应该激励和帮助其开发作为人的所有能力——智力、情感和艺术表现力。

当然，为了满足人类生活的需求，基本的物质供应必须保障，但这不意味着消费本身应该成为一个目标。所有为了获得利润而人为地刺激物欲的企图都必须得到防范。物质资源的浪费和为消费而消费的无聊行为对人类的成熟发展而言都是具有破坏性的。

人本主义的社会主义是一个由人支配资本，而不是由资本支配人的系统；在这个系统中，人尽最大所能管控环境，而不是受环境的管控；社会成员对他们想要生产的物资事先做出计划，而不是按非人力所能控制的市场规律进行生产，亦不是按本质上要求利润最大化的资本规律进行生产。

人本主义的社会主义是民主进程超越了纯政治领域向经济领域的延伸；它是一种政治的**和**工业的民主。它将政治民主回归了它的本意：享有知情权的公民真正参与所有影响他们生活的决策。

民主向经济领域的延伸意味着参与者，包括体力劳动者、工程师、行政管理人员等，对所有经济活动的民主管理。人本主义的社会主义最关注的不是法律上的所有权，而是对规模大的、影响力大的行业进行社会控制。那种一味追求资本利润而进行不负责任的操控的官僚机构应该被取代，由真正能够代表生产者和消费者的管理机构来掌控。

人本主义的社会主义目标只有在引入这样一种兼容的机制下方能实现，即最大程度地分散权力，只最小程度地保留权力以对一个工业化社会的各项功能进行必要的协调。国家的功能必须降至最低，而自由合作的公民的自愿活动将形成社会生活的中心机制。

虽则人本主义的社会主义基本的大体目的对所有国家都是一致的，但每个国家仍必须结合各自的传统和现状，形成各自独特的目标，并设计出各自适用的方式去实现这个目标。社会主义国家之间的相互团结必须戒除任何一国将其方式强加于另一国的图谋。同理，前辈们著作中的社会主义理念也不应该变作圣旨，被一些人用来行使对另一些人的控制权。只有社会主义者们共同服膺的精神应绽放在各人胸次，指导着他们的思想。

人本主义的社会主义是理性条件下人性运行之自愿的、合逻辑的结果。它实现的民主是在一个工业化社会的环境中扎根于全人类人道主义传统的那种民主。它是一种不靠武力运行的社会制度，既不靠身体的强力，也不靠人们不知不觉中被催眠作用弄昏了头脑的暗示力。这个制度的实现唯有求助于人的理性，求助于人向往一种更人性、更有意义、更丰富多彩的生活的渴念。它建立在坚信人的能力得以创造一个真正人性化世界的基础上，在这个世界中，生活的充实和个人的成长是社会的首要目标，而经济活动则作为手段放在一个恰当位置，与营造一个人性上更充实的生活相匹配。

社会主义的目标使社会建立在公民的自由合作的基础上，将国家的集权活动降至最低——在讨论人本主义的社会主义各项目标时，我们必须将上述**终极**目标和尚未达到终极目标之前的**中期**目标区分开来。一个社会，从当前的中央集权国家形式转变到权力完全下放的形式，必须要有一个过渡期。在这个过渡期内，一定程度的集中计划和国家干预是不可或缺的。但为了避免集中计划和国家干预可能导致的危险，比如导致官僚化程度的增加和个人完整性及原创力的削弱，过渡期内有必要采取一些措施，使得（一）国家处于其公民的有效监管之下；（二）大公司的社会和政治权力处于分解状态；（三）从第一天起就在生产、贸易、当地的社会和文化活动等诸方面促进培养各类形式分权的、自发的协作组织。

纵然今日尚不可能对社会主义的各项终极目标制定具体而详尽的规划，以一种试验性的模式为某个社会主义社会制定一些中期目标应该是可行的。但即便仅就这些中期目标而言，也要经过很多年的研究和实验方能形成一些比较确定和具体的程式和课题，这应该是值得这个国家中最优秀的大脑和心灵为之奉献的事业。

遵循社会监管而非法定所有权作为社会主义的重要原则这一思路，第一项目标便是对所有大企业进行转化，俾其行政管理人员由全体参与者——工人、职员、工程师——任命并充分监控，工会和消费代表也一同参与。这些团体构成各大企业的最高权力机构。他们决定生产、价格、利润使用等等所有基本问题。股东们因为企业使用了他们的资金而继续获得相应的收益补偿，但他们没有权力控制和管理企业。

集中计划影响一个企业的自治权限仅在于使企业的生产服务于社会目的。

小企业应该在合作制的基础上运营，它们应该在税负和其他方法上受到鼓励。若它们因故不在合作制基础上运营，参与者亦应在平等的基础上与企业主分享利润和参与管理。

某些对全社会而言关乎国计民生的重要行业，如石油、银行、广播电视、医药以及交通运输等，应该国有化；但对这些国有化行业的管理必须遵循上述同样的原则，即由全体员工、工会、消费者代表参与有效监控。

在所有那些有着社会需求但目前生产不足的领域，社会应向有关生产企业融资，以保证这些需求得以满足。

个人必须受到保护，免遭恐惧滋扰，个人毋须屈从于任何人的胁迫。为了达到这一目标，社会应该向每一位成员无偿提供其生存所需的最低物质保障，如食物、住所和衣服。任何人若希望获得更高级的物质享受，则应靠自己工作去实现；而最基本的生活必需品得到保障后，任何人都无权对另一个人进行直接或间接的物质胁迫。

社会主义并不阻碍使用个人财物。它亦不要求完全持平的收入；收入应与人的努力和技能挂钩。但收入的差距不应造成完全不同的物质生活形式，以至于一个人的生活体验不能被另一个人分享，或对另一个人有如天方夜谭。

政治民主的原则必须依二十世纪的现实条件实施。考虑到我们通讯和汇总的技术手段，在现时的大众社会中再次引入城镇选民大会的机制亦是可行的，其最终完成的形式尚待研究和实验。它们可以由数十万个面对面的小组构成（可按工作地或按居住地组织），这将形成一种新型的众议院，从而与一个经统一选举产生的最高决策权力机构共同分享决策意见。权力下放应该努力做到将重大决策置于当地的、小型区划的居民手中，而这些当地决定也不能违背全社会生活必须遵循的最根本的各项原则。不管采取什么样的形式，其中心原则就是将民主决策过程转移到能够表达他们诉求的公民团体手中。这里说的公民是充分了解所需信息的、敢于负责任的人，不是被灌了暗示话语和迷魂汤的浑浑噩噩的机器般的大众人。

这种打破官僚机构把持局面以重建自由的做法不仅应该发生在政治决策领域，而且应该发生在关乎一切决策和安排的事情上。除了那些自上而下过滤到底层的决定，草根阶层的生活亦应打通它们自下而上"反向过滤"到顶层的渠道。在工会中组织起来的工人、在消费者协会中组织起来的消费者、在上述面对面的政治小组中组织起来的公民，都应该将与最高层权力机构的互通常态化。这种互通应包括能够使草根阶层就新的措施、法律和规章提出建议，并实施他们经过投票作出的决定，还包括使所有选举产生的权力机构代表置于持续的严格评估之下，如不称职可以予以撤销。

根据这些基本原则，社会主义的终极目标是废除民族的主权、废除任何形式的武装部队、建立各民族的共同体。

在教育领域，主要的几项目标是帮助个人发展其批判的能力，提供一个使其能创意地表达自己个性的基本条件，也即是说，培养自由的人，抵制他人的操纵，不使自己易受暗示的心理被他人谋求快乐和利益的企图加以利用。知识不应局限于海量信息，而是作为理性的手段去理解那些决定物质和人类进程的潜在力量。教育不应只包括推理，还应包括艺术。资本主义在制造异化的同时，还分离和贬抑了人的科学理解和审美观念。社会主义教育的目标是重新恢复人对文理双科自由而充分的训练。教育的目的不是将人培养成一个聪明的旁观者，而是一个有能力的参与者；这不仅体现在能参与物质商品的生产，还体现在能对生活的愉悦有所感悟。为了抵消纯理智化带来的异化危险，作为对事实和理论教学的补充，应该安排手工作业和创意艺术方面的训练，在小学和中学应安排两者结合的工艺课（有实用价值的艺术物品的制作）。每位青少年都应该有这样的经历，用自己的双手和技艺制作出一些有价值的用品。

建立在权力和利用基础上的不合理的权威应该废止，取而代之的并非一味的自由放任态度，而是建立在知识和技术能力基础上的权威，他们绝不依赖恐吓、强力或暗示。社会主义教育必须对合理的权威重新定义，既有别于不合理的独断专行，又有别于无原则的自由放任态度。

教育不能仅限于孩童和青少年，现有的成人教育形式必须极大地扩充。每个人一生中的任何时候都能够变换其职业或专业，这点非常重要；而这种情况只有社会在经济上保障了人的最低物质需求时才成为可能。

文化活动不能只局限于提供智力教育。各种形式的艺术表现

（音乐、舞蹈、戏剧、绘画、雕塑、建筑等等）对于人类之人性开发都是举足轻重的。社会必须引导相当部分的财富投向大量的艺术活动项目，投向建造实用美观建筑的项目，这些项目的投入甚至应该优于无关宏旨的消费者热衷的其他项目。此外，要花大力气保护艺术家创作的完整性，避免将负有社会责任感的艺术变成官僚或“国家的”艺术。在艺术家对社会提出合法要求和社会对艺术家提出合法要求之间必须维持一个健康的平衡。在艺术领域，社会主义旨在追求缩小生产者和消费者之间的差距，并最终消除这种差距，尽一切可能创造最佳环境让每一个人的创作潜力得以充分发挥。对这一点，我们不应有任何先入为主的定式；这是一个需要更多研究的问题，到目前为止，这方面所做的研究是远远不够的。

社会主义社会理所当然追求种族和性别的完全平等。但这种平等并不意味着单纯的相同，而是应该尽最大可能促使每一个特定种族和民族的群体的天赋和资质得到最充分的发展；男女平等的实质亦同。

宗教活动自由必须得到保障，国家和教会必须完全分离。

综上所述的纲要只是作为社会主义各项原则和目标的一个入门指南。具体详细的程式需要进行大量的讨论。进行这种深入讨论并达成具体详细的意见是一个社会主义政党的主要任务之一。此类讨论需要对实践经验和社会科学提出的所有数据进行检验。但首先它需要想象力和勇气去展望新的可能性，而不能沿袭陈腐的、因循守旧的思路。

现实与上述情况相去甚远：在美国，若要使多数人都相信社会主义原则和目标的效力，需等相当长的时间。在成功实现这一任务之前的时期内，一个社会主义政党应做什么工作、行使什么功能？

社会党-社会民主联盟（Socialist Party - Social Democratic Federation）应该在它的结构和活动中真正体现它所代表的各项原则；它的任务不仅是努力在将来实现社会主义，更应该在我们当中现在就开始着手落实。因此社会党-社会民主联盟（以下简称“联盟”）在说服人民参加这个实践项目时，绝不能依靠煽情、催眠或“名人效应”手法，而是以对经济、社会、政治以及人的现状作出真实、正确、富有洞察力的分析。“联盟”应该成为美国道德和知识分子的良心，以最为广泛的途径披露它的分析和判断。

“联盟”进行活动应循的原则是采用分权的最优化方案，倡导成员以积极负责的态度参与讨论和决策。它还需要敞开大门，让少数意见派充分发表言论和发布信息。这个社会主义计划绝对不是一成不变的，它必须通过全党同仁持续不懈、同心同力的活动才能得以成长和发展。

“联盟”应与其他政党有所区分，这不仅反映在它的纲领和理想上，还反映在它的结构和功能上。它应该成为全体成员的精神家园和社交家园，这些成员以人本主义的现实主义精神和心智健全的精神团结在一起，对人类及其未来保持共同的关注和信念。

“联盟”应该在工人、学生、专业人员和社会各阶层成员中展开广泛的教育运动，以冀其对社会主义批评和社会主义理想有一个潜在的理解。

“联盟”不应期望毕其功于一役。但这并不意味着它不去争取获得最广泛的社会影响和力量。它必须努力争取一支数量不断壮大的民众队伍，这些民众应通过该党在美国及世界大声说出心中的诉求。

“联盟”应扎根于人本主义的社会主义传统；它应致力于将传统的社会主义目标向适应于二十世纪社会环境的目标进行转化，并将此作为成功的前提。在达到目标的进程中，它特别应该摒弃任何武力手段或任何独裁政府的设立。它唯一的利器就是观念的现实性和紧紧围绕人的真正需求的事实，以及公民——看清了如今充斥在人们头脑中的谎言和虚幻，并坚定地希望过一种更丰满、更全面生活的公民——赋予这场运动的热情支持。

如果“联盟”里的成员仅仅相信共同理想，这是不够的。这种信念必须转化成行动，否则很快就会付诸东流。该党的生命在于以这样一种方式组织民众——为每位成员提供充分的、不拘一格的可能性，使他们关注的东西转变成有意义的、即时的行动。这应该如何付诸实践呢？

必须很清楚地看到，社会主义的一些基本目标，特别是大型企业由参与者、工会和消费者代表共同管理的方法，民主过程的复兴，为每个公民提供最低生活保障这几项，会面临许多细节执行上的巨大困难。它们的解决方案需要从经济学、工作组织、心理学等诸多领域进行基础理论方面的论证，并且需要进行各种可行的规划和实验。如果人们怀着坚定信仰和丰富想象力——这种精神多存在于自然科学家和技术人员中——去解决这些社会问题，其得到方案的伟大恢弘现在看起来应当能与二十年前的太空之旅相媲美。但是一个稳健和人性的社会组织的解决方案，不见得比那些理论和应用领域的各种自然科学更难达成。

对社会主义者而言，首要的任务是在他们各自的活动范围内，就应用社会主义的各种问题开展研究，并在“联盟”各工作小组讨论社会主义解决方案的体验和建议。对于这种小组活动的补充，是一些提出调查问题的长期委员会。这些委员会由经济学、社会学、心理学、外交政策等各行各业的专家组成。调查委员会和工作小组保持密切的互动联系、交换意见和心得，从而相互开启思路。

但“联盟”成员的活动不应只限于创造性的思想和规划，他们应在此之上付诸眼前的具体行动。重要的是每位成员都在他或她的工作场所——工厂、办公室、学校、实验室、医院等地方——展现社会主义的生活方式。每位成员都应该展现解决各种问题的社会主义思路，不论是自己面对这些问题，还是激励其他同仁一起出主意。工会成员中的“联盟”成员应积极工作，组织更多会员活动，使更多人参与工会生活，这点尤为重要。不论在工会内还是工会外，“联盟”的成员都应支持所有政治团体的分权行为，支持草根百姓的积极参与，并反对各种形式的官僚主义。

“联盟”要吸引真正关心社会人道主义问题的男女大众，这些人因为关心便会参与解决问题，哪怕这项工作占用了他们的时间和金钱也在所不惜。

虽然“联盟”以其纲领中的根本目标为中心，但它应积极参与推动所有近期政治目标的实现，这对社会循序渐进的发展有着极其重要的作用。它将与社会各政治团体和个人合作，真诚地向同一方向努力。各项近期目标包括：

◦ 一套稳健的外交政策，它的基础是对政治生活既定事实的合乎实际的评估。这套政策旨在寻求合理的妥协，它相信只要两大势力阵营接受他们目前的经济和政治立场，宣布放弃以武力改变现状的企图，战争是可以避免的。

◦ 反对这样的主张：即我们的安全只有靠军备才能提高。避免全面破坏的唯一途径在于完全裁军。这意味着裁军谈判不应该用来妨碍真正的裁军，我们应该愿意冒险试图达成这样的目的。

◦ 一套向不发达国家提供大规模经济援助的计划，其规模要远超我们现在的援助水平，其实现会以我们的公民牺牲相当程度的利益为代价。我们提倡这种援外政策：既不为美国投资集团的利益服务，亦不以美国外交政策间接干涉小国的独立。

◦ 对联合国力量的加强：加强利用联合国的一切努力帮助解决国际争端及大规模对外援助。

◦ 支持一切措施来提高那些生活在多数人物质水准之下的群体的生活水平；这亦包含由经济原因或地区及种族原因造成的贫穷现象。

◦ 支持所有权力分散的努力和草根民间活动，包括支持各种尝试来抑制公司、政府、工会官僚等机构中的不负责任的权力。

○ 对各类保障社会安全措施的支持；这些措施将能够直接缓解由于失业、疾病、衰老造成的痛苦处境。支持有关社会化医疗的种种举措，理解自由选择医生和高水平的医疗服务是一个必须坚持的方向。

○ 能使我们充分利用农业生产力，增加国内和国际粮食储备的各种经济措施。

○ 对成立一个经济委员会的各项举措的支持；该经济委员会应包括来自工业、商业、工会、经济学家、消费者等各界代表。该委员会应担负起经常检查我们经济需求的责任，并以全民利益为准发展各项变革的总体规划。它当下的迫切任务是讨论并提出从军备生产转为和平生产的各项建议计划。该委员会的报告，包括少数派意见的报告，都应发表在刊物上并广泛传播。类似的委员会还应该在外交政策、文化、教育等领域召集；这些委员会的成员应能充分代表各类民众，而且这些成员的知识和廉正应该得到社会公认。

○ 对住房、道路建设、医院设施以及如音乐、戏剧、舞蹈、艺术等文化活动的大规模政府投入。

○ 以美国现有财富为条件开始的社会实验；国有企业应该进行由工人参与的各种形式的组织管理尝试。

○ 在有着基本社会影响的重要行业，政府必须建立一些起衡量标杆作用的企业，以对私营企业构成竞争，并以此迫使私营企业提高标准。这应该首先在广播、电视、电影等领域进行，也可在其他认为必要的领域进行。

○ 大企业应该开始努力建立工人参与管理的计划项目；

工人和雇员应占决策董事会中投票人数的四分之一，这些参与投票的工人和雇员本身应由各个企业自由选举产生。

∘ 工会的作用必须加强，其影响不仅体现在工人的薪酬问题上，而且体现在工人的工作环境等问题上。同时，工会必须全力以赴推进自身的民主化过程。

∘ 对那些通过迷惑性暗示作商业宣传和政治宣传的现象应予抵制，所有此类抵制尝试都应得到支持。

我们意识到上述计划项目主要针对完全工业化的国家，如北美国家和欧洲国家。对于所有其他国家而言，这一计划项目应根据当地情况作相应的调整。但是这个计划项目潜在的普遍原则对所有国家都是有效的，即生产须为社会所用，无论在工业领域还是政治领域都须强化实际的民主过程。

我们呼吁每一位公民感受对自己的生活、对子孙后代，乃至对全人类大家庭所应承担的责任。人类到了有史以来必须作出决断的最关键的时刻：究竟要用自己的技术和头脑去创造怎样一个世界？一个世界——即便不是天堂，但至少能最大限度地实现人的各种潜力，是一个充满欢乐和创造力的世界；另一个世界——则不是通过原子弹就是通过无聊和空虚，使人走上一条自我毁灭的不归路。

社会主义与其他党派的纲领的确是有区别的，它怀有一种远见，怀有实现一个比目前更美好、更人性的社会的理想。社会主义不仅仅旨在改良资本主义社会这样或那样的缺陷，它要实现的是迄今尚未存在过的社会制度；它的目标是超越既定的经验主义的社会现实，但这又确是基于现实的潜能而能够成就的。社会主义者高瞻远瞩地宣布：这就是我们要过的生活，这就是我们为之奋斗的生活；这不是绝对的和最终的生活形式，而是一种相对的和更为人性化的生活形式。它是人本主义理想的实现，人本主义理想已经孕育了西方和东方文化最瞩目的成就。

许多人会说人们并不向往理想社会，他们并不想要离开原先生活惯了的社会。我们社会主义者认为这不符合实际情形。人民其实对那些他们能用双手创造并有信仰的生活是充满渴望的。人的所有生命力在于超越了生存状况中庸庸碌碌的部分，在于为实现一个并非不可能实现、却迄今尚未实现的宏伟蓝图而奋力拼搏。如果没有机会为一个合理、人道的前景而奋斗，人最终会被生活中的厌烦情绪耗尽元气，变得疲惫消沉，沦为独裁者和蛊惑人心的政客们那些不合理、不人道的前景的牺牲品。当代社会的孱弱之处恰在于不弘扬理想、不追求信义、不拓展视野——所拥有的只是那种更大程度上的雷同。我们社会主义者应该毫不羞怯地承认我们对人类有着极深的信念，对缔造一个新型而人道的社会形式的愿景有着极深的信念。我们呼吁那些怀有信仰、希望、想象力的公民和我们一起守望并努力实现这一愿景。社会主义不单是一项社会经济和政治的活动纲领，而且是一项人类的活动纲领——**在工业化社会的条件下实现人本主义的理想。**

社会主义必须是彻底的。既是彻底，就要深入它的根基，这个根基就是人。

第七章　保证最低收入的心理层面分析

本文从**心理**方面专门论述“保证最低收入”（the guaranteed income）的价值、风险以及它所涉及的人的种种问题。

接受这个概念的最重要原因是它可能彻底地增强个人的自由。[①] 迄今为止的人类历史中，人在作为上的自由一直受到两个因素的制约：一个因素是统治者方面动用武力（特别是统治者拥有扼杀异见者的能力）；另一个更重要的因素，则是饥饿的威胁——人们不得不接受强加在他们身上的工作和社会生存条件。

那些不愿意接受这种环境的人，即便不须面对武力的威胁，也必须面对饥饿的威胁。贯穿古今人类历史大多数时期的金科玉律都是“不劳动者不得食”，在这点上资本主义和苏联并无二致。这一威胁迫使每个人不仅得跟着指令**做事**，而且其**思想**和**感受**也得中规中矩，不能随意自由发挥。

过去的历史建立在饥饿威胁的原则之上，说到底，是有原因的。这个原因就在于长期以来，除了某些原始社会，人们不论是

---

① 参见《健全的社会》（*The Sane Society*）（纽约：霍尔特，莱茵哈特和温斯顿出版社，1955）第 355 页中本人关于一种“普遍物质保障”的论述。

经济上还是心理上，始终生活在匮乏的水平。物质用品从来都未达到能满足所有人需求的程度——通常是一小部分“领袖们”占得其所需所欲，而大部分填不饱肚子的人只知道这是上帝或自然律法的旨意。其实这倒主要不是“领袖们”贪婪，乃是物质生产的低水平所致。

保证最低收入的做法只有在经济富裕的时代才是可行的，它能够将人们前所未有地从饥饿的威胁中解放出来，使其得以在任何经济威胁前都保持真正的自由独立。没有人被迫在特定的工作环境中干活，仅仅因为如果他不接受，他就有饥饿之虞。如此，一个有天赋或雄心的人，不论男女，都可以学习新技能以满足他或她在另一个行业工作。妇女可以不靠丈夫，年轻人也可以不靠家庭。一旦摆脱了饥饿的恐惧，人们就知道他们毋须再担惊受怕。（当然，这还必须在没有政治威胁钳制人们的思想自由、言论自由和行动自由的条件下才成立。）

保证最低收入不但在现实中而不是标语上让人树立起自由信念，它还树立了一种扎根于西方宗教和人道主义传统中的准则：无论如何，人享有生存权！这种生存权——享有食物、住宿、医疗、教育等等权利——是人与生俱来的权利，毋须受任何条件限制，甚至不受其必须对社会“有用”这个条件的限制。

从匮乏到富足的心理转变是人类发展进程最重要的步骤之一。匮乏的心理伴生焦虑、嫉妒、自私自利（全世界的农民文化都很典型地反映出这类特点）。富足的心理则伴生原动力、生活信念、团结合作。事实是，如今工业化社会已经迈向经济富足的新纪元，许多人在心理上还紧紧抱住原来的经济匮乏景象不放。

正是因为这种心理上的滞后——传统观念通常由前一种社会形态产生的情感所决定，许多人无法理解“保证最低收入”这一概念体现的新的意义。

保证最低收入与大量缩减工作时长相结合，其深远影响在于人类生存状况中的精神和宗教问题变得真实而迫切。时至今日，人们因工作占据了太多时间，或因下班后已十分劳累而无法令自己认真思考一些严肃的问题，诸如“生活的意义是什么？”“我相信什么？”“我的价值观是什么？”“我是谁？”等等。如果人的大部分时间不再用于工作，就能自由地认真面对这些问题；当然也有一种可能，人会因为直接的空虚或从无聊的事情中补偿得到的空虚而变得心智失常。

无论如何，经济富裕之后，人们不再为温饱惶恐，这标志着我们从“前人类”时代向“真人类”时代的过渡。

为了平衡这一情形，有必要对“保证最低收入”的概念提出一些反对或质疑的声音。其中最明显的问题是保证最低收入如何才不会降低对工作的激励。

不断增加的人口本身已经不能满足全员就业，对无工作者而言，激励的问题与他们关系不大，撇开这一现象，这个反对的意见还是很重要的。但我认为，很多事实可以说明物质激励绝不是从工作和努力中得到的唯一奖励。首先，获得激励的名目有很多：自尊心、社会认同、工作本身的乐趣，等等。此类例子不胜枚举。信手拈来的，像一些取得出色成就的科学家、艺术家等人的工作，就不是金钱利润刺激的结果，而是出于更复杂的因素组合，其中最重要的是他们对所从事工作的兴趣，也有对成功的自豪感或名誉感。但即便是这个明显的例子，也不能说服所有人。有人会说这些杰出的人之所以能够获得努力的成果，正是由于他们天资超群，普通人难望其项背，所以这个例子并没有代表性。可这个反驳似乎不够有力，我们可以来看看那些没有惊人创意、业绩平平的普通人，他们的各种活动背后的激励是什么。比如人们在体育运动方面的努力成果，在各类爱好方面的努力成果，那可是完全没有物质刺激在起作用的！关于工作过程中的兴趣究竟在多大程度上可以作为对工作本身的一种激励，梅奥教授在芝加哥西电公司霍桑工厂所做的经典研究提供了一个很有说服力的例子。① 他将一些没有生产技能的女工作为对象进行提高劳动生产力的实验。结果表明，当这些女工在实验中成为越来越有兴趣的积极的参与者时，她们不但提高了劳动生产力，甚至改善了自身的健康状况。

如果我们考虑更为早期的社会形态的话，这个问题会变得更清晰。传统的普鲁士文职人员的薪俸是很低的，但他们高效和清廉的作风闻名遐迩。在这里，荣誉、忠诚、责任等概念才是决定他们工作效率的动力。另一个例子出自前工业社会（如中世纪的欧洲社会，或二十世纪初拉丁美洲的半封建社会）的风尚。在这些社会中，比如一个木匠，他挣的钱只要够他养家糊口就行，一旦达到社会的传统生活标准，他就拒绝再工作，并不觉得钱挣得越多越好。

---

① 参见乔治·埃尔顿·梅奥（George Elton Mayo），《工业化文明的人类问题》（*The Human Problem of an Industrial Civilization*）第二版（纽约：麦克米兰出版社，1946）。

其次，人并非天生就是懒惰的；相反，人如果闲着不动，他才会感到难受。人们可能想歇上一两个月，但绝大部分人会要求工作，甚至不付薪酬都愿意。这方面，儿童开发和智障的研究领域提供了大量数据；现在要做的是将已有的数据组织起来，从分析懒惰是否与疾病有关这个角度进行系统查证，更多新的相关调查数据也仍在收集的过程中。

但若金钱不再是工作的主要动力，则工作在技术和社会层面上就必须变得有足够的吸引力和趣味，来抵消不工作的无聊。现代的异化的人（通常是无意识地）深受厌烦情绪困扰，所以他们渴望处于一种懒散的状态，而不是活动的状态。但这种渴望本身就是我们这个时代“常态的病理”症候。推测而言，滥用保证最低收入的行为不会持续很久，正如人们面对免费的糖果，假定他们知道这些免费糖果一直都有，则几周过后谁都不会想到要多吃几颗了。

另外有一种质疑的声音是这样的：饥饿恐惧消失真的就能使人更自由吗？其实挣一份一万五千元的年薪过着小康日子的人也很怕失业，这和那些一旦失业便三餐不继的人的恐惧并没有什么两样。如果这个质疑成立，保证最低收入有可能增加大多数人的自由度，却不能增加中上层人群的自由度。

为了充分理解这个反对意见，我们应该看看当代工业化社会的风气是什么。人已经完成了向“消费人”的转化。人变得贪婪和消极，想方设法通过不断增加的消费弥补自己内心的空虚（临床中有很多这类通过暴饮暴食、疯狂购物等行为应对抑郁症和焦虑症的病例）。人们的消费名目繁多：烟、酒、性、电影、旅游，还包括教育、书籍、讲座、艺术在内。人**表面上**很活跃，甚至很兴奋，但内心深处是焦虑、孤独、压抑、无聊的（无聊可以被定义为一种慢性压抑，而这种压抑可以靠消费来成功弥补）。二十世纪的产业制度创造出“消费人”这种新的门类，最初是应经济之需，即有大众消费的需求——被广告推波助澜地操控了。而性格一旦形成，便回过头来对经济施加影响，使得不断增长的消费满足感变成了合理和现实的主张。①

当代人对消费有一种多多益善的无休止的饥渴。由此产生出一系列后果：倘若消费变得无穷尽，而在可见的将来没有任何经济能够为每个人提供无节制的消费，那么只要“消费人”这种性格仍占社会性格结构的主体，我们就永远不会有（心理学层面的）真正的“富足”。贪欲无度者永远生活在匮乏之中，因为无论拥有多少，他们永远都不会有满足的感觉。而且他们还垂涎别人的所得，与之攀比较劲。如此，他们便总是生活在孤立和惊扰的处境中。有了贪欲作祟，他们便无法真正欣赏艺术或其他文化带来的激动。这种情况下，那些生活在保证最低收入水平的人会感到彷徨和无用，而挣得多的人则囿于环境、作茧自缚，因为他们害怕失去最大化消费的可能性。因为这些原因，我认为如果不

---

① 这个问题变得愈加复杂的另一个原因是至少 20% 的美国人还生活在贫困线附近；欧洲的相当部分，特别是东欧社会主义国家的人亦未达到令人满意的生活水平；而世界其他大部分生活在拉丁美洲、亚洲和非洲的人甚至未能达到免于饥饿的水平。任何支持减少消费的论点都会遭到反驳，因为就世界大部分地区而言，消费是呈增加需求态势的。这个反驳完全是事实，但危险在于现在的贫穷国家如果受到最大化消费观的引导，形成了这种风气，就会在将来达到最佳（不是最大）消费程度时还不知适可而止。

能从根本上扭转最大化消费的信条，保证最低收入的实施也只能解决（经济和社会层面上的）一部分问题，而不能起到它应该发挥的根本作用。

我们应该做什么才能使实施保证最低收入达到有效预期？概而言之，我们应该改变我们的系统，从消费的最大化转为消费的最佳化。这意味着——

将大量的个人消费品生产转向公共设施的生产，这些公共设施包括学校、剧院、图书馆、公园、医院、公共交通、住房，也即是说，将生产重点放在那些开发人的内在创造力和活力的基础物质上。人们可以看出“消费人”的贪欲主要表现在对个人消费品的“吞噬”（吸收），而使用免费的各项公共服务意在使人享受生活，并不会引发贪婪和沉溺。这样一种从最大消费到最佳消费的修正，将要求生产模式作出重大变革，并要求极大地减少那种胃口刺激和洗脑诱惑的广告宣传。① 上述举措应同时结合文化上的重大变革，使人道主义生命价值观、生产力、个人主义等概念得以全面复苏，以对抗“组织人”的物质主义和受到操纵的蚁冢般的庸碌。

这些思虑引出另外一些值得研究的问题：客观上是否存在一套有效标准来区分合理需求和不合理需求、良性需求和劣性需求；又或者是否存在主观上能感受出的同样价值的需求？（良性需求在此定义为能够增强人类活力、意识、创造性、敏锐度的需求；劣性需求定义为削弱或麻痹人的上述潜力的需求。）应该记

① 我认为，这里的限制广告的要求，甚至进一步的将生产模式转向公共服务设施生产的要求，如果没有国家的大幅度干预，是难以想象的。

取的是，在吸毒、暴饮暴食、酗酒这些情形中，我们都作出了这样的区分判断。研究这些问题将导出另一些实际的考量：个人的最低合法需求究竟为多少？（比如一人一间房、若干衣物、若干卡路里、若干有文化价值的用品，如收音机，书籍等等。）在一个相对富裕的社会，比如现在的美国，应该不难计算出一个人**体面的**最低生活成本为多少，也能计算出什么是最高消费的限度。倘若超过了一定的门槛，就应考虑征收阶梯式的消费税。我认为很重要的一点是，贫民窟的生活环境不应继续存在。所有这些都要求保证最低收入与我们社会的两个大规模转化原则结合起来，即个人消费从最大到最佳的转化，以及从生产个人需求品到生产社会需求品的转化。

我认为还有必要对保证最低收入增加一项尚待研究的内容：对一些商品实施**免费**供应。一个例子是面包、牛奶、蔬菜。我们不妨设想一下这样的场景：每个人都能走进一家面包房，随意取走自己要吃的面包（国家支付面包房这笔开支）。如上所述，刚开始时贪心者会取走比自己所能食用的更多的数量，但经过一段时间，这种“贪心消费”会无疾而终，人们会取走自己真正所需的数量。这种免费供应，于我之观点，将在人的生活中建立一个新的维度（除非我们将此看作在特定的原始社会中消费模式的更高级别的一种再现）。人们就此摆脱了“不劳动者不得食”的教条。甚至在自由取食的最初阶段可能构成一种新颖的自由体验。免费面包可以通过国家提供，即使不是经济学家也显然明白这点不难做到，这项开支可以由相应的一种财政税收负担。其实我们还可以更进一步，设想不仅最低需求的食物（面包、牛奶、蔬菜、水果）能免费供给，连最低需求的衣物也能免费供给（比如在某种体制中每人每年能免费得到一套衣裤、三件衬衣、六双袜子，等等）；在公共交通设施极大改善之后，交通也可以免费，私家车则变得更为昂贵。最终人们可以想象住房问题也能以同样的方式解决，由大的房地产项目为年轻人提供住宿大厅，老人或已婚夫妇可以有一个小单间，愿意使用这些住宿者都不必支付费用。这使我想到用另一种解决方案来处理保证最低收入的问题——通过免费提供最低限度的消费必需品，而不是现金发放的形式。生产这些最低消费品，再加上质量大大改善的公共服务设施，也能维持我们的生产发展，一如支付保证最低收入款项的作用。

也许后一种方法更激进，不如其他作者提出的建议那样容易接受。这或是真的，但有一点不能忘记：一方面理论上说这种免费最低设施的供给在现行系统中就可以安排，另一方面保证最低收入的概念对许多人来说仍然难以接受——并非由于不可行，而是由于他们在心理上对废除“不劳动者不得食”的法则非常反感。

另一个哲学的、政治的和心理的问题亦值得研究，这就是自由的问题。西方的自由概念在很大程度上是指自由地拥有财产、自由地对其开发利用，只要其他人的合法权益不受威胁。但实际上，由于采取了税收这类征用的手段，以及在农业、贸易和工业上进行的国家干预，这一原则在西方工业社会的许多方面已经式微。而同时，作为生产资料的私有财产越来越多地被以巨型企业为典型的半公有财产所取代。虽然保证最低收入的概念也可能意味着一些额外的国家调控，但是请不要忘记当今社会普通个人的自由概念，与其说是指拥有开发利用财产（资本）的自由，毋宁说更多是指选择消费的自由。很多人现在一旦无度消费受到限制，他们立刻觉得自由受到限制了，虽然在现实中只有最顶层者能真正随心所欲作选择。同类商品不同品牌之间的竞争和各类商品之间的竞争制造出一种个人可以完全自由选择的假象，其实一个人所选的只能在其条件许可范围内。① 从一个新的角度探讨自由问题是有必要的，只有将消费人转为有创造力和生命力的人，他们才可以体验到自由是建立在真正独立意义上，而不是对商品的随意选择上的。

保证最低收入的原则只有在与下列三个条件结合的情况下才能显现完整效果：（1）消费习惯的改变，从消费人转化为能生产的、主动的人（斯宾诺莎语）；（2）开创一种新的精神风尚，即人本主义的精神风尚（不拘有神论或无神论形式）；（3）各类真正民主方法的复兴（例如新型的众议院形式，他们讨论的决策是基于数十万个面对面小组提供的信息综合加总而成，包括任何企业，从事管理等工作的全部员工的积极参与）。② 国家样样都包办，则会成独断专行的神，这一危险只有在社会活动中全方位同步大力增强民主程序方可化解。（事实上如今国家即使未提供这些福利，其权力也已经大得离谱了。）

一言概之，对保证最低收入的研究不能只在经济领域进行，必须辅以其他诸如心理学、哲学、宗教、教育等领域的研究。我

---

① 这里，苏联阵营的国家中极权主义官僚体制下的消费亦形成消费管理的恶例。

② 参见弗洛姆《健全的社会》，同前引述。

认为，保证最低收入这一重大举措要获得成功必须伴随上述其他方面的改变。另需记住的是，保证最低收入的成功条件还包括停止花费我们百分之十的总资源在与经济无关且危险的军备上；也包括系统帮助不发达国家以停止毫无意义的暴力蔓延，并找到遏制人口爆炸式增长的各种途径。没有这些改变，未来任何计划都将形同虚设，因为根本就没有未来。

第八章　单边裁军问题

毋庸置疑，单边裁军的建议——在广义上的无条件拆除一个国家的军事设施——无论对美国还是对苏联，在未来一段时期内都是不可能被采纳的。因此，就本文涉及若干军备控制**可行**的建议而言，它提出另一种有限度单边裁军的思路，查尔斯·奥斯古德（Charles Osgood）称为“**渐次实施的单边行动（或撤军）**”的概念，另一种表述是“**单边启动的朝着裁军方向努力的可行步骤**”。这个概念的基本要义是根本改变我们现在多边裁军谈判中采用的方法。我们现在的裁军谈判基础，是每一分裁减都必须使作为对手的苏联也承诺相对等的裁减；所说的改变即意味着我们放弃目前这种方法，而采取一种渐次朝着裁军方向努力的单边步骤以期苏联也采取相应步骤，这样目前全体裁军面临的谈判僵局才可能打破。

我觉得没有其他人比奥斯古德的下列描述更清楚地阐明这一单边步骤政策的性质了；就我所知，奥斯古德是提出此见解的第一人，其观点发表在两篇意义深刻的文章里。① “为了最大效力

① 查尔斯·E. 奥斯古德，“真正赢得对共产主义战争的一些建议”（“Suggestions for Winning the Real War with Communism”），载《冲突解决》（*Conflict Resolution*），1959 年 12 月第 4 期第 III 卷，第 131 页，以及“渐次单边裁军案例”（A Case for Gradual Unilateral Disarmament），载《原子物理学家公报》（*Bulletin of Atomic Scientists*），第 XVI 卷，第 4 期，第 127 页起。

地促使敌方作出同样的让步回应，一个单边的裁军行动应该具备下列性质：（1）就**军事进攻**而言，裁军行动方应明显处于不利态势，但不应处于不能应战之态势；（2）就达到的程度而言，要使敌方清楚看到，它的外在威胁因素降低了；（3）不能使敌方增加对我们的心脏地带的威胁①；（4）就效果而言，要使敌方的相应削减行动是明确可以做到且明确显示的；（5）关于此项行动的性质，其作为一项持续政策的目的，以及所期望对方的回应态度，都要事先一一公布，并在各同盟国、中立国、敌对国中广为宣传；（6）并不要求以敌方作出回应承诺为前提条件。”②

至于这一改革设计所采取的具体步骤，则需要有见地的专业人士作进一步大量思考。为了对这一政策可能采取的具体步骤提供至少一种思路，我提几点建议（其中一些与奥斯古德的提议不谋而合）：分享科学信息、停止核试验、削减部队编制、撤离一个或多个军事基地、中止德国重整军备，等等。期望苏联人和我们一样有意避免战争，他们会有所回应；一旦相互戒备的进程开始逆转，就可以采取更大步骤以达到完全的双边裁军。再者，我认为裁军谈判必须与**政治**谈判平行展开，政治谈判主要针对在承认现状的基础上互不干涉。此外（仍主要与奥斯古德的立场一致）其他单边步骤，诸如承认“奥得-尼斯”线（Oder-Neisse line）、承认中国在联合国的地位，都将有助于苏联的良性回应（亦即抑制中国，保持在中远东的不干涉

① 我认为此项条件只能是一种最理想的愿望，因为削弱任何一方潜在的进攻能力都意味着在战略上提升了对方潜在的进攻能力。

② 查尔斯·E. 奥斯古德，“真正赢得对共产主义战争的一些建议”，第316页。

态势）。

向裁军方面努力的单边步骤这个命题隐含的前提是什么？（在此我仅提出一些基本的前提，本文接着谈到单边完全裁军的问题时还会涉及其他前提。）它们包括：（1）如前所言，因为双方已经对对方产生了极深的怀疑和恐惧，目前的谈判已不足以导向实现双边裁军的目标；（2）若不能达到完全裁军，军备竞赛将继续，这终将导致我们的文明和苏联的文明受到重创；又或即便战争未爆发，军备竞赛将缓慢地折损并最终摧毁那些我们正冒着生存之险去捍卫的价值体系。（3）虽则单边步骤构成肯定的风险（承受风险是这个行动的性质所决定的），这种每一步骤带来的风险并不是使我们作战无力的风险，它与我们不断持续的军备竞赛所带来的危害相比是微不足道的。

就美国和苏联而言，虽然更广义的单边完全裁军概念——而非上述渐次裁军概念——在近期尚不具备实践的可能性，我仍认为这一立场是值得提出来讨论的。我这么说首先不是因为本刊物的编辑要求我提出这一立场，甚至也不是因为我和其他一小部分少数派持有相同观点，认为军备竞赛升级带来的危险远比单边裁军带来的危险大。也许这两个理由都不足以说明我应该发表下列言论，但我的确认为有另外一个恰当而重要的理由：对支持一种激进立场引发思考，即使这一立场实际上不可能被接受，却可以冲破思想的藩篱，使我们走出靠威胁和反威胁手段谋求和平的危险循环。即便我们目前切实的目标是渐次的单边行动，或甚至仅是由谈判而来的双边裁军，但认真分析一下支持单边完全裁军这一不被看好的立场，对开拓新的思路和眼界，确实十分重要。我相信达成完全裁军的困难很大程度上出于双方僵化的情感模式和思维习惯；在寻求出路打破目前危险僵局的努力中，任何化解这些固化模型、重新思考整个问题的尝试，都是值得的。

单边完全裁军的提议一直由一部分持宗教、道德、和平主义立场的人士在推动，如维克多·戈兰茨（Victor Gollancz）、刘易斯·芒福德（Lewis Mumford），以及一些教友会教徒（Quakers）。它也得到了另一部分人的支持，如伯特兰·罗素、史蒂芬·金-豪（Stephen King-Hall），和 C. W. 米尔斯（C. W. Mills），这些人在任何情况下都不反对使用武力，但他们坚持不懈地反对热核战争，反对任何核装备。本人的立场则介乎严格意义上的和平主义者和伯特兰·罗素、史蒂芬·金-豪这些人之间。①

① 伯特兰·罗素，《常识与核战》（*Common Sense and Nuclear Warfare*）（伦敦：G. 艾伦和安文出版社，1959）；史蒂芬·金-豪，《核年代的防御》（*Defense in the Nuclear Age*）（纽约州奈阿克：友谊出版社，1959）；杰罗姆·戴维斯，H. B. 海斯特，（Jerome Davis and H.B. Hester）《在边缘上》（*On the Brink*）（纽约：赖尔·斯图亚特出版社，1959）；刘易斯·芒福德，"人类的出路"（The Human Way Out）（《彭代尔山活页文选》第 97 期，1958）；C. W. 米尔斯，《第三次世界大战的起因》（*The Cause of World War Three*）（纽约：西可和沃伯格出版社，1959）；乔治·F. 凯南，（George F. Kennan）"外交政策和基督教良心"（Foreign Policy and Christian Conscience）（《大西洋月刊》，1959 年第 5 期）；理查德·B. 格雷格，（Richard B. Gregg）《非暴力的能量》（*The Power of Nonviolence*）（纽约州奈阿克：友谊出版社，1959）；美国公谊服务委员会（American Friends Service Committee）《向强权说出真理：教友会探索制衡的另一种选择》（*Speak Truth to Power, Quaker Search for an Alternative to Balance*）（1955）。

这两部分人的区别，本质上远不如表象上的大。对国际政治中的不理性所持的批评态度，以及对生命怀有的深切敬畏，将这两部分人联系在一起。他们享有“人类一家”的共同理念，对人精神上和智性上的潜力坚信不疑。他们听从良心之律令，拒绝参与“将数百万妇女儿童和平民百姓作为人质的政府行为”①。无论他们以有神论的语境思考，还是以无神论的人道主义语境思考（这一脉的理义自斯多葛派至十八世纪启蒙主义哲学绵延不绝），全都扎根于同一方精神传统，不妥协地秉持着他们的原则。他们团结一致，反对任何形式的盲目崇拜，包括对国家的盲目崇拜。他们正是因为这种反对盲目崇拜的精神与苏联的制度对立，而与此同时，他们对西方世界随时泛出的盲目崇拜也保持同样的批判立场，不论它们拉着上帝还是民主的大旗。

单边裁军的倡议者都认为，倘若情势发展到了最后关头，个人必须自愿为其最高价值纲领作出牺牲；他们也同样深信，倘若全人类同归于尽，或是上下五千年人类努力的成果毁于一旦，这样的冒险都是不道德的和不负责任的。眼看着战争即将变得愈发无意义和愈发具有毁灭性，反对热核战争的人士——不论他们属于宗教的和平主义者、人道主义者，还是实用主义者——汇聚的队伍也在不断壮大。

在支持单边裁军的人士看来，**无论威慑起不起作用**，军备竞赛的继续都将是一场大灾难。首先他们几乎不相信威慑能阻止热

① 乔治 · F. 凯南，同前，第 44 页起。

核战争的爆发。[1]他们认为一场热核战争的后果，在“最好”的情况下，也只能证明为保卫民主生活方式而不得不打这一仗是彻头彻尾的谬误。我们没有必要参与这个猜谜游戏，看交战双方究竟有三分之一还是三分之二的人口成为冤魂，又有多少中立国的人口同罹此无妄之灾（取决于核爆时的风向）。这几乎是一道丧心病狂的谜题，因为以百分之三十、百分之六十，或百分之九十的敌方或己方的人口为代价来讨论可以接受的结果本身（当然是不情愿的），就已经显示这种政策确实到了病变的阶段了。理智与情

---

① 美国国家计划协会（National Planning Association of America）的报告亦持这一观点，见《无军备控制的 1970 年：现代武器技术的含意》(*1970 Without Arms Control: Implications of Modern Weapons Technology*)(国家计划协会特别项目委员会“论以军备控制获得安全”；计划活页文选第 104 期，1958 年 5 月，华盛顿特区)。该文指出：“不仅战争危险依然存在，而且这种可能性随着时间推移会趋于增加，如果过多时间流逝而一直找不到解决方案，难免会上演为真实。”另，斯坦福研究院（Stanford Research Institute）院长 E. 芬利·卡特（E. Finley Carter）指出，“在应用毁灭性武器技术来谋求安全问题上，苏联阵营和西方同盟制造出了一个共同的死敌，这就是意外引发的核战争的威胁。”(见《斯坦福研究院学报》，斯坦福研究院出版，1959 年第 4 季度，第 3 卷，第 198 页）赫尔曼·卡恩（Herman Kahn）也有这样的结论：“如果军备竞赛持续几十年而不得到控制，这个世界还能够相安无事，是很不可思议的事。”(同上，第 139 页）卡恩强调如果仅仅因为战争的毁灭酷烈性质就相信它是不可能发生的，这不是现实主义的态度。

在 1959 年 12 月 27 日的民主顾问委员会（Democratic Advisory Council）上，该组织的科学与技术顾问宣布：“只要我们仍固守目前的军事政策，不去争取签订意在减缓不稳定局势的更大范围的国际间协议，全面的核战争似乎不但是可能的，而且可能性还相当大。由错误、过失、计算问题等触发核战争是一个挥之不去的危险。”还必须强调的是，这种危险不但存在于技术的失误，也同样存在于政治和军事领导人的决策性判断失误。如果人们还记得 1914 年至 1939 年间许多政治和军事领袖人物在指导战争中铸成的大错，就不难看到在如今的武器装备条件下，同样类型的领导人会将世界炸得面目全非，不论他们的出发点有多么正确。

感不断加剧的分裂正是过去一个世纪西方发展的特征，现在它以一种不动声色的、据称是理性的方式悄然攀上一个精神分裂的危险巅顶，我们讨论可能的世界性毁灭，原因竟出于自身的行动。不需要太多的想象就能看到美国或苏联的民众，乃至全世界大部分的民众面临突如其来的核武打击和缓慢死亡的威胁时那一幕幕惊恐、愤怒、绝望的情景，一定犹如中世纪黑死病爆发后民众大规模精神错乱的再现。这种大灾难留下的创伤效应将导致新形式的原始野蛮行径，导致每个人身上那些隐藏着的最古旧的元素复活，在希特勒和斯大林的体制中有着此类大量证据。对许多研究人性和精神病理学的学生来说，人类如果目睹和亲历了有如热核战争这类无节制的残暴行为之后，再使他们去珍视自由、去尊重生命或去爱，几乎是不可能的。心理学研究的事实证明：残暴行为会对参与者造成残暴的影响，以致酿成更多的残暴后果。

但如果核威慑起作用了会怎样？

在一个双边或多边武装对峙的环境中——一个特定社会，不管它的问题有多复杂，或它的满意度有多高，如果一个人的生活中最大和最不能摆脱的现实问题是蓄势待发的导弹，是与导弹控制有关的嗡嗡作响的数据处理机，是随时启动的辐射计数仪和测振仪，是技术专家总体完善（暂且盖住它的不完善，那会令人感到一种挥之不去却无能为力的恐惧）的大屠杀设置——未来人的社会性格会如何造就？大部分人在经常出现的毁灭性威胁下生活一段时期后，会留下某些心理阴影，表现为惊惧、敌意、无情、狠心，结果会对我们珍视的所有价值观都麻木不仁。这种环境使我们变成了野蛮人——用最精密的机器武装起来的野蛮人。如果我们还在严肃地声称自己的目标是维护自由（即防范个人沦为大权在握的国家的从属工具），就应该承认这种自由将荡然无存，不论核威慑起作用或不起作用。

除了这些心理上的事实，军备竞赛的继续还对西方文化构成一种特别的威胁。①在征服自然的过程中，生产和消费已经占据了西方人的主要活动，这成了人们生活的目标——我们已经将手段变成了目的。我们制造出像人的机器，又制造出像机器的人。在工作时间，人作为生产团队的一分子受到支配。在休闲时间，人作为消费者，喜欢什么东西竟也受到别人的支配，而且自身对这种支配习焉不察，想象着这就是随心所欲的品位。就在物质生产成为人的生活中心时，人本身面临着沦为一件物品的危险；人崇拜生产的机器和国家这样的偶像，却有一种幻觉以为自己在虔心崇拜上帝。一如爱默生所言："用具端坐于鞍，鞭笞人类疾行。"我们创造的环境自行整合成一道强力，反过来让我们乖乖就范。我们建立的技术和官僚系统指挥我们行事，并为我们作决定。我们也许还不至沦为奴隶，但我们很可能沦为机器人；我们传统中的人的价值——正直、独立、责任、理性、爱——正受到威胁。我们在越来越多谈论这些价值时，它们却已徒成具文。

现在世界的趋势是由精力充沛的机器指挥着无力的人（美苏皆然），这里有技术和人口学上的因素，也有大公司和政府日益集权和官僚化的因素；如果军备竞赛继续升级，它将到达一个不

---

① 对于现代社会的详尽分析，参见本人的《健全的社会》（纽约：霍尔特，莱茵哈特和温斯顿出版社，1955）。

能折返的点。我们当前的局势已经履薄临深，但还有一线希望使人重新回到马鞍上，复兴伟大的人本主义传统的精神价值。如果没有这种复兴，如果我们不能够从根本上激活我们文化赖以生长的精神动力，就会丧失生存必要的生机，不可避免地衰退，重蹈历史上许多强国覆灭的旧辙。对我们生存构成真正威胁的不是共产主义思想体系，甚至不是共产主义军事势力，而是我们自身信仰的泯灭；现实中，自由、个人独立、信念变成了空洞的仪式，我们将上帝作为偶像膜拜着，我们的活力则不断衰竭。我们没有远见，有的只是越来越多的千篇一律。其实说到底，对共产主义的很多仇恨都折射出我们对民主精神价值观极度缺乏信心。于是，我们本该体验对**赞成**之事的爱，现在却得体验对**反对**之事的恨。若我们继续一方面生活在被他人灭绝的恐惧中，一方面又在计划对他人的大规模灭绝，复苏人本主义精神传统的最后一线希望也将落空。

单边裁军的益处和危险

如果上述是威慑政策的危险，则支持单边裁军者对裁军政策的利弊又是如何看待的呢？

单边裁军最可能的结果——不论采取这一政策的是美国还是苏联——是它将防止战争。有可能驱使苏美任何一方发动核战争的主要原因，是他们永远惧怕对手先发制人，自己或成齑粉。从来不支持单边裁军的赫尔曼·卡恩对这一立场作了言简意赅的表述："除了意识形态的不同和自身安全问题之外，美国和苏联之间看不出有任何客观的争执能够解释我们这样相互受制于对方的风险和代价是有道理的。苏联和美国相互深怀恐惧的最大问题是恐惧本身。”① 如果战争的主要原因的确出于双方对对方的戒惧，则无论苏联还是美国，任何一方的裁军都很可能消弭这一主要的成因，由是亦消弭了战争的可能性。

但是除了恐惧，是否有其他动机可能诱发苏联征服世界的野心呢？一种动机是扩张带来经济利益，这也是十九世纪发动战争以及第一和第二次世界大战的一个基本动机。正是在这个问题上，我们可以看到 1914 年或 1939 年的战争和现在的冲突形势之间存在本质的差异。第一次世界大战时，德国对英国的市场和法国的煤和铁资源都构成了威胁；1939 年，希特勒需先对领土进行征服方能实施他想要的经济扩张。而今天，无论苏联还是美国都没有压倒性的经济利益驱使其占领市场和物资，因为将国民生产力水平提高百分之二或三所得到的收益就已经远远大于任何军事征服的代价；况且双方各自均有足够的资金、原材料、物资供应、人口等条件以保障一般生产力的常态增长。②

美国广泛持有的比较严肃、可能的动机，是害怕苏联趁美国裁军之际，更肆无忌惮地以共产主义征服世界，并实现其称霸世界的欲望。这种对苏联意图判断的出发点，在于错误地高估了苏

---

① 斯坦福研究院学报，1959 年第 3 卷，第 140 页。

② 缘于同样的理由，对废止战争的前景而言，的确存在一种真正的前所未有的机会。人类历史上的大部分时期人们都处于物资匮乏的生存环境，不但需要征用大量人力（奴隶），亦需要占领额外的土地来从事畜牧业或农业，或获取新的原材料资源。目前和未来的各种技术足以保证通过提高工业生产力和间接地提高农业生产力便能使物资财富不断增长，而不必奴役或掠夺其他人。在当今时代和在将来，战争的“合理性”只能解释人类对权力和征服的非理性欲望。

联目前的性质。的确，在列宁和托洛茨基领导下的俄国革命旨在推翻资本主义（或至少在欧洲）和建立共产主义，这有一部分缘于共产主义领导人深信除非欧洲那些高度工业化的国家（或至少是德国）采用他们的制度，否则共产主义俄国几乎没有可能一枝独秀；另外也缘于这些领导人被一种信仰激励，认为共产主义在全世界的胜利将实现他们凡俗的救世主之梦。

这些希望并未实现，斯大林随后的胜利使苏维埃共产主义的性质发生了根本的变化。清洗几乎所有老布尔什维克只是摧毁早前革命主张的一个象征的动作。斯大林的口号“在一个国家实现社会主义”包含了一个简单的目标——使苏联迅速实现在沙皇体制下未曾完成的工业化。苏联重复了西方资本主义在十八和十九世纪所经历的同样的资本积累过程。但它们有着一些重要区别：在十八和十九世纪的西方，社会上受到制裁的因素仅限于经济方面，而斯大林的体制现今已经发展到了政治制裁，造成直接的恐怖。斯大林的体制既不是社会主义，也不是革命体制，而是基于计划手段和经济高度集中的国家资本主义。

到了赫鲁晓夫时期，资本积累已经成功到达这样一个阶段，其特征是民众已经能够享受比以往多得多的消费，亦不像以往那样被迫作出牺牲，由是政治恐怖程度亦大幅减轻。

但赫鲁晓夫的思想体系在一个重要方面对苏联社会的基本特性未起到毫厘改变：该政权仍然既非革命的政权，亦非社会主义的政权，乃是任何西方世界中最保守的、阶级分化最突出的政权之一，这种政权人道上具有胁迫性，经济上则是有实效的。我们说民主化社会主义的目标是解放人、克服人的异化，最终废止国家。而苏联所谓“社会主义的”口号反映的无非一些空洞的意识形态，其社会现实与真正意义上的社会主义南辕北辙。苏联的统治阶级革命，堪比文艺复兴时期教皇们号称基督教义追随者的作为。引用马克思、列宁或托洛茨基来诠释赫鲁晓夫，对苏联的历史进程无疑是一种彻底的误解，亦是一种无能——没有能力正确区别何为事实、何为意识形态。此外还应注意一点，我们的态度是苏联能够期望得到的最佳宣传手段。他们置事实于不顾，试图说服西欧的工人和亚洲的农民相信他们代表了社会主义理想，诸如消灭了阶级社会等等。西方的态度，如果坚持将苏联作为对手，那就旁证了苏联自称是社会主义的主张，落入了巩固他们宣传的圈套，这正是苏联人所期望的。（不幸的是，除了民主的社会主义者外，绝大多数人都没有足够的辨识力来区分真正的社会主义和自称为苏联社会主义的扭曲、败坏的形式。）

苏联的角色被进一步强化，另乃缘于苏联自认它事实上受到一个有潜在扩张可能的中国的威胁。也许有朝一日苏联与中国的关系会变成我们现在想象的与苏联的关系。假设来自美国的威胁消失，苏联即可能集中精力对付来自中国的威胁，除非全世界范围的裁军使得这一威胁亦不复存在。

上述考量显示，苏联不放弃裁军主张可能出现的各种危险，比许多人所看到的似乎来得更遥远。苏联会动用武力优势试图占领美国或西欧吗？苏联人玩转像美国或西欧这样的经济政治机器至少是极端困难的，而且苏联也没有征服这些领地的生死攸关的需求。撇开这些事实不说，为一个冒天下之大不韪的理由去做一件事，本身就是极难运作的。在西方社会，即便是亲共的工人，对在某种苏式体制下人们不得不遭受胁迫的程度也毫无概念。他们会与非共的工人同样反对那些被迫动用坦克和机关枪镇压示威工人的新当权者。这也会在苏联的卫星国，甚至在苏联体制内部激发革命的倾向，这是苏联统治者最不愿面对的；尤其是这将动摇赫鲁晓夫的自由化政策，从而危及他的整个政治地位。

最终苏联或尝试将它的军事优势运用在对亚洲和非洲的渗透上。这是有可能的，但就我们目前的威慑政策看来，美国是否真愿意发动一场热核战争来阻止苏联在欧美以外的世界获得某种优势，这亦是值得怀疑的。

所有上述推测也许都有错。单边裁军支持者的立场是，这些推测为错的可能性远低于持续军备竞赛将造成文明万劫不复的可能性，而文明是我们至为珍惜的。

一些心理因素的考量

如果我们不仔细观察一些心理层面上的理由，就无法讨论单边裁军结果——或与此有关的任何共同裁军结果——可能出现的问题。最流行的论点是“苏联人是不可信任的”。如果这里的“信任”是一个道德意指，则确实不幸言中——可信的政治领袖寥若晨星。这缘于个人道德和公共道德的分裂：国家已然成为某种偶像，而出于其自身利益的考虑，任何不择手段的行为都可以看作是正当的；但同样一群政治领袖在个人利益的名目下，却不会作出同样行为。如果这里的“信任”是一个与政治问题更为密切相关的意指，则有着另一重含义：“对人的信任”表示相信他们是有着正常心智和理性的人，相信他们会以正常心智和理性行事。如果我和一个对手打交道，只要我相信他心智健全，我就能正确鉴析他的各种动因，并在一定程度上预测这些动因，因为对于正常人而言，总有些法则和目的是普遍适用的，如生存法则，又如目的与手段之间的等比法则等。希特勒不能被信任，因为他缺乏健康心智，正是这种心智失常摧毁了他本人和他的政权。很明显，如今的苏联领导人是一些心智正常的、理性的人；因此理解他们能做什么，而且预测他们会根据什么动因行事，这点就变得非常重要。①

领袖及其人民的心智健全问题引出另一重思考，无论对我们还是对苏联人都会产生影响：这就是**可能性**之于**概率性**问题。在现在的军备控制讨论中，许多论点都是基于可能发生什么事，但不基于有多大可能发生这样的事。这两种不同的思考模式恰恰反映了妄想症和健康思维的区别。妄想症患者坚定地相信自己的幻觉是真的，因为他们认定这是一个逻辑上可能发生的事实，因此不存在任何争论的余地。逻辑上自己的妻子、孩子、同事都有可能仇恨自己，并正在合谋如何将自己置于死地。患者无法相信自己在幻想一件**不可能**的事，我们只能告诉他们发生这种事的概率是**微乎其微**的。当然这后一种结论需要查证和评估事实，以及对

① 政治领袖人物是否心智正常不是一个历史偶然事件。一旦政府将目标定在不可能完成的任务——比如没有足够的物质条件，却硬要达到平等公正——就会产生狂热和非理性的领导人。罗伯斯庇尔就是这样的例子，斯大林亦同。或者如纳粹政府之所为，试图将一个落后的社会阶层（中低阶层）和经济进步的阶层（工人和商人）双方的利益调和在一起，这也导致其领袖的狂热和非理性。当今的苏联则走上了解决其经济问题的成功之路，所以将他们的领导人定位为有常识的现实主义者不足为怪。

生活有一定程度的信任，而在妄想症患者那儿，唯有可能性这一种念头占据其全部身心。我认为我们现在的政治观念就有这种妄想症的倾向。我们应该关心的不是有没有可能，而是有多大可能。不论是指导国家事务，还是指导个人生活，这都是唯一理智和现实的方法。

在心理层面上，还有一些在讨论中反复出现的对彻底裁军立场的误解。首先，单边裁军的立场被理解为一种投降和屈从。其实正相反，和平主义者和人本主义的实用主义者相信，单边裁军这种表达只有在我们内心发生了深刻的精神和道德嬗变后才能提出：这是勇敢的行为，是抵制的行为，不是懦弱的行为，不是屈服的行为。抵抗行为依据不同的立场观点而呈现不同的形式。另一方面，甘地主义者和金-豪等人主张的非暴力抵抗需要极大的勇气和信仰，它们充分体现在印度人抵抗英国、挪威人抵抗纳粹这些事例中。《向强权说出真理》这本书清晰地表述了这一观点：

> 由是我们将自己与一种误称为和平主义但基本属于自利的态度撇清了干系，那种“和平主义”更准确地说是一种不负责任的反军事主义。我们亦与乌托邦主义撇清了干系。虽然选择非暴力涉及在人的身上发生某种根本改变，但这不要求完美主义。……我们一直都在说明非暴力生活的本质就是欣然接受苦难，而非将苦难加诸他人；并且一旦情势需要，就必须准备付出最高代价。显然，如果人们愿意在战争中花费几十亿国帑和牺牲无数生命，他们就无法仅仅因为非暴力斗争会遭致不测而轻巧地否定非暴力运动。同样显然的是，

如果缺乏献身精神和承诺，非暴力抵抗也是收效甚微的。非暴力抗争比之暴力抗争反而要求更严的纪律、更强的训练、更大的勇气。①

有人亦提出武装抵抗，让男男女女用步枪、手枪或尖刀来捍卫他们的生命和自由。两种抵抗形式，非暴力或暴力，对于遏制侵略者的进攻都不见得是不切实际的想法。至少比起认为动用热核武器才能赢得“民主的胜利”来说要更现实。

那些支持“以军备保安全”的人有时会指责我们所看到的完全是一幅理想乐观的人性画面。他们提醒我们“乖谬的人中有着阴暗的、非逻辑的、非理性的一面”。② 他们甚至说出这样的话：“核威慑悖论是激进派基督徒悖论的一种变异。为了活下去，我们必须告白我们会杀人、会赴死的意愿。”③ 撇开这种对基督教义所作的荒唐的歪曲不说，我们其实完全没有忘记人性中潜在的罪恶，亦没有忘记生活中悲惨的一面。的确，在一些情形中，人为了生存必须不惜赴死。以暴力或非暴力抗争中不得已的牺牲为例，我就看到了这种对悲剧和牺牲表示接受的情形。但是不承担责任和鲁莽的行为则不在悲剧或牺牲之列；在摧残人类、摧残文明的主张中我们找不到任何意义和尊严。人自身确有向恶的可能；人的生存就是在与其所处环境固有的两两对立的困厄中挣

---

① 美国公谊服务委员会，《向强权说出真理：教友会探索制衡的另一种选择》（1955），第 52 页和 65 页。

②③ 彼得·B. 扬（Peter B. Young），《放弃主义者》（The Renunciationists），载《空中力量》（*Airpower*），空军历史基金会，卷 VII，第 1 期，第 33 页。

扎。但是愚蠢行为和没有前瞻性导致的后果——将人类的未来作为筹码押进一场赌局中——与那些真正意义上的悲剧因素是不可同日而语的。

最后再提一下针对单边裁军立场的另一种批评。这种反对意见认为裁军是对共产主义理论“示弱”。其实我们的立场恰恰是建立在对苏联全能国家原则的否定之上的。单边裁军的支持者强烈反对国家权力至上，他们不愿让国家在军备竞赛中不可避免地无休止增加权力，从而作出那些导致大部分人文成果毁灭和使后代深陷劫难的错误决定。如果苏联体制与民主世界的基本分歧在于后者保卫个人意志，使个人意志免遭全能国家的吞噬，则单边裁军所代表的正是反对苏联国家原则最彻底的立场。

讨论了（广义的）单边裁军问题之后，我想再回到向裁军方面努力的单边可行步骤的建议。我不否认这一有限度的单边行动的形式蕴含一定风险，但考虑到目前的谈判方法久议不决，将来谈判成功的前景亦极不容乐观；又考虑到军备竞赛若持续升温将蕴含更大的风险，我认为此项行动的风险在实践中和在道义上都是值得承担的。目前我们陷入了一个生存机会的泥淖，我们得寄望最好的情况发生。**如果**我们有足够的防辐射掩体；**如果**我们有足够的时间发出预警，使一个城市的人口能实现战略疏散；**如果**“美国的”积极进攻和积极防御能够在几个回合的交火中控制军事局势①，死亡人数也许可控制在五百万，或两千五百万，或七千万。但如果这些条件不能落实，“敌方能够通过连续不断的

① 赫尔曼·卡恩，《关于非军事防御研究的报告》（*Report on a Study of Non-Military Defense*），兰德公司，1958，第 13 页。

打击，将死亡和毁灭推至其所期望的任何程度。”[①]（另外我设想同等程度的威胁也存在于苏联。）在此情况下，“在不同民族国家面临生死攸关的最后时刻，出现一项看似可能的协议来阻止那些极端分子、丧心病狂之徒、野心家发起恐怖战争的危险”，[②]我们必须摒弃惯常思维的惰性，积极寻求解决问题的新途径，尤其应该用新的解决方案来取代我们目前的选择。

---

① 赫尔曼·卡恩，《关于非军事防御研究的报告》（*Report on a Study of Non-Military Defense*），兰德公司，1958，第 13 页。

② 引自戴高乐将军 1960 年 4 月的演说。

第九章　老年的心理问题

关于老年的心理问题，我们首先要设法回答以下一些疑惑：老年是不是一件令人觉得窘迫的事？老年是不是人生一个痛苦的阶段，要用各种各样的词语来粉饰？或它其实是人生的一个必然阶段，一如人的青少年、婴幼年、中年？老年问题和人生其他阶段出现的问题是不是两样？换句话说，在这个特殊阶段，我们如何生活得好，如何保持最活跃的状态？

人们或能意味深长地谈及“生活的艺术”，或能说明衰老的艺术在整个生活艺术中亦是重要的章节，不比儿童时代和青少年时代逊色。

显然所有的老年问题都是在现代工业社会才出现的。一个世纪前，甚至半个世纪前，人能活到老年的几率不大。当时能活着见到自己的孙辈或重孙辈实乃一件额手称庆的事，而今则变得越来越稀松平常。很明显老年问题是现代工业社会的产物。这首先是拜医学进步之赐——医学进步只是整个科学技术进步的一部分。

此外，我们认为老年不仅可以用生物学或生理学的术语去定义，而且可以从社会的角度去定义：老年是一段毋须再外出工作的时光。这个“毋须工作”在很大程度上亦是拜工业化组织之赐。我们亲见日益加速的自动化进程不但缩短了人们的工作时长，而且缩短了总的工作年限。也许半个世纪后，四十岁以上就可以划归“老年”行列，因为人们年过四十——除了少数人——就不需工作或者根本没有了工作的机会。

于是我们生活在西方社会中不但寿命延长，还极为幸运地拥有一定物质条件赋予这段延长了的寿命以尊严、舒适和快乐。我们都知道世界上人口过多的问题，这很大一部分是由于医药延长了人的生命，但工业尚未或不能生产出足够的生活资料来与医药惠及民众的部分相匹配。此时人口在增长，但长寿群体相应的物质需求却难以满足。我们生活在美国及所有工业化社会的人，总体而言，是有生活资料保障的，而且这些生活资料也在同步增加，从而可以避免上述困境。

现代工业社会为人类创造了一个新的年龄段：老年。话说老年**本该**是一段有保障且能够安享幸福的时光，但现代社会同时产生的其他种种现象却不遂人意，对人的衰老问题产生了某些特殊的影响。我将提及其中一些社会问题，并设法将它们与老年问题联系起来讨论。

现代社会创造了一个我之前称为“消费人”的人种，它指的是人除了朝九晚五地工作，其他兴趣主要集中在消费上。

这就像永远在吃奶的生活状态。男男女女都张开嗷嗷待哺的嘴，一味地吮吸——只要能消费的，什么都不放过，从烟酒到影视，乃至讲座、书籍、艺术展览、性；只要能纳入消费品范畴的，但用无妨。

对于出售这些消费品的人而言，他们固然没有做错什么。他们只是尽量提升消费者的热情而已。但如果允许我应用本研究领域中的一些认知的话，这种做法蕴含着极大的问题，因为在消费冲动背后，折射的是内心的空虚、一种生活的无聊感。其实这更是一种压抑感、一种孤独感。我们在临床中发现了这种关联的证据，暴饮暴食和疯狂购物往往只是表象，深层的原因是精神的压抑或极度焦虑的状态。患者觉得内心空虚或无助，只有通过攫取有形之物才觉得一丝心安，仿佛自己依附这些东西后变强了。

当然这不能称为有意识的思考过程；对意识来说，它们过于肤浅轻率，它们只能是无意识体验的一种：用消费来补偿内心空虚，而且是挥霍无度的消费。

事实上，如果不是讨论政治概念上的自由的话，我们现在体验的自由，在很大程度上已经沦为购买的选择自由和消费自由了。在十九世纪，自由更多意味着自由地拥有私产，自由地将我的私产投资到我认为合适的行业。但在如今的社会中，私产概念相对于工资收入而言已大大淡化。我们感到自由的事情更体现在自由地购买和消费上。也就是说，在面对五花八门、琳琅满目的商品时，我们能宣称："我要这种牌子的烟。我要那种型号的车。我要这个，不要那个。"正是因为参与竞争的各种品牌实际上并无本质不同，消费者感到他们自由选择的余地非常大。我想如果问人们什么是理想的天堂，要是他们足够诚实，很多人会想象天堂是一个巨型的百货店，在那里每天都能买到不同的新商品，或许还总能比邻居买到的多一点。

永无休止的消费驱力含有某种病态成分，其危险在于即使消费的欲壑得以填满，内心消极、空虚、焦虑、压抑等问题并没有真正解决，因为从某种角度看生命仍然是没有意义的。

《旧约全书》告诫说，希伯来人最大的罪恶是他们生活在富足之中却没有愉悦。我觉得我们的社会批评家亦可以这么说，我们生活在富足之中，而且玩乐和兴奋触手可及，但我们的愉悦依然少得可怜。

我在讨论这种现象时与老年问题联系起来只有一个原因，我担心人在年老色衰之后很可能变成一个“**超级消费人**”。这些人有的是时间，不但可以朝九晚五地消费，甚至可以朝九晚十二地消费，他们一天的主要活动就是消费。他们也许是年轻人眼中变得有些不堪的一群人；他们现在已经完全惰怠了，只能去**消磨时间**。

我们似乎有着一种特别的天性，愿意下很大力气来节省每一点时间，但当我们将时间节省下来后，又尴尬地发现不知拿这些时间干什么才好。于是我们开始打发时间。我们的娱乐业教会我们如何在不知不觉中打发时间，其实是教会我们在消费娱乐项目的同时，有意识地相信自己所做的一切都是有意义的。如我前述，我们面临着一种在衰老嬗变过程中存在的危险，即所有这些多余的时间极有可能将老年人转化成完全被动的、只会消磨时间的超级消费人，而他们消磨时间的方式在专家们的眼中还很**体面**。果真如此，我认为这是令人极为痛惜的。

事实上老年是一个极大的挑战和极好的机会。老年阶段可以成为人一生中最好的时光。因为老年人卸下了谋生的重担，不必担心丢掉饭碗，更不用心事重重地想着如何讨好上司以获得升迁；他们现在是真正自由的人——想象我们睡梦中的时光，我们的梦境是多么创意无穷、多么远离拘束，这几乎就是老年的生活。

年老者，姑且定义为六十五岁年纪以上，的确还有机会好好生活，他们可以焕发活力，将过日子本身当作一门职业。他们还能够真诚地审视自己在生活中遇到的精神和宗教的问题。我觉得在过去的人文历史上，人们多半无法活到这把年纪而仍有精力和时间来严肃认真地细细琢磨这些问题。

如果你是一位体力工作者，你会感到过于疲惫；如果你不从事体力劳动，则对成功的渴慕和对成功的怀疑都可以使你同样心力交瘁，无法真正思考生活本身的各类问题。我们偶尔也会谈论这些话题，通常在星期日：人生的意义究竟何在？我是谁？我在世界上处于一个什么位置？这一生一世的所有活动究竟有何原因或目的？这些也许是你从星期日牧师的布道中能够听到的设问，但一到忙碌的工作日，我们既没时间又没精力去关心这些问题了。

未来的自动化时代，当人们最终也许每周只须工作十几二十小时，那时的人将第一次迫使自己面对这些关乎生存中真正精神层面的问题。

而步入老年的人们现在就有机会提出这些问题，这些问题不仅仅作为理论提出，而是他们确想一探究竟。我是谁？我的生活目标是什么？我的生活在本质上与什么有关？他们更有机会面对死亡问题，这历来都是生命哲学的一部分，是任谁也无从逃避的终极现实；他们能够在生命终结于死亡这样一个角度来审视生命。

如果我说生命终结于死亡，寄希望于来世的基督教或犹太教人士恐怕不能接受。但我认为他们会同意我的这个观点：即便一个人相信来世，在来世这个完全陌生的国度里享受的也不是一趟预付了导游费的旅行。这不是一条愉快的旅途。我们若想通过这条旅途参与那些不同宗教体系有着不同描述的来世生活，则我们的**现世**生活必须要留下一些痕迹。我们信或不信一种宗教对来世的特定表述或教义其实倒不是至关紧要的，因为这始终意味着我们必须先在现世严肃地面对死亡，在这个问题上不应伪装或逃避。

我仔细观察了严肃对待生命的基本问题这件事，并考虑这些问题应该如何作答。消费人的对立面是什么？一个人若生活空虚、消极，将时间用于——或毋宁说**浪费**在——无谓的消磨上，他的对立面是什么？

这亦非三言两语能解释清楚的问题，但我可以从一个广义的概念上说，与之对立的主要是**产生兴趣**。不幸的是我们将兴趣这个词用滥了，它的本意已几近丧失："兴趣"这个词从拉丁文 *inter-esse* 而来，意思是"进入"某事里面的状态，也就是说，它要求人们能够超越自我，离开我的"自我"那个狭隘的包围圈——那里圈着我的抱负、我引以为荣的财产、我引以为荣的知识、我的家人、我的妻子、我的丈夫、我的所有、我的一切。它要求人们忘掉所有这些与我有关的概念，伸出双手，拥抱一个与我相对的、在我面前的世界，无论这个世界是一个孩子，或是一朵花、一本书、一个想法、一个人，或任何东西。

兴趣意味着积极主动，即亚里士多德意义上的积极主动，或者斯宾诺莎意义上的积极主动，而不是现代社会的**忙忙碌碌**，似乎每人每时每刻都有做不完的事。在这个意义上，一个人若能不做事情安安静静地坐上一两个小时，说不定比我们大部分忙得团团转的人都更积极主动，这显然是更难做到的事。所以对老年人来说，真正面对的问题就是要有能力分清什么是外在意义的忙忙碌碌，什么是内在意义的积极主动。

虚假活动这样的现象不应被忽视。它不仅在一个忙碌的层面存在问题，更是人们对感情活动的自我欺骗。我举个听起来有点牵强的例子——尽管牵强，但它强调的部分与上述论点是有关的：A 先生正在接受催眠术，我们假设现在是上午九点。他的催眠师对他说，下午三点他要脱去外衣，而且他要忘记受过暗示这件事，除非接到其他暗示。现在我们再假设你在下午两点半见到 A 先生。你和他谈论天气、谈论政治、谈论你那时碰巧感兴趣的话题。到了三点前一分钟，A 先生说，“今天怎么这么热，真是的，我得将外衣脱了。”

要是那天恰是天热，你不会起任何疑心，或就算天冷，但室内暖气烧得很热，你也觉得他的反应很正常。但如果那天天既不热，室内温度也不高，你对 A 先生感到热的行为会大惑不解。你会想到他可能发烧了，会建议他去看医生。但不管怎么说，你相信 A 先生的确感到热，他有脱去外衣的需求。但是如果上午 A 先生接受催眠术时你在场，你就会清楚 A 先生感到热的这整件事只是催眠师的暗示所诱发的结果。但这个现象仍很有意思，因为 A 先生需要让他的行为看起来有一个名正言顺的解释。他不能在三点钟直截了当就把外衣脱了。他得找个理由。你如果不在上午的催眠现场，你一定会相信他真的感到热。

这只是一个特别的例子，此类现象多有发生，甚至不必动用催眠术。只因我们跟着公众舆论，或诸如此类的暗示，我们就会生出一些不真实的感觉。而后我们就得找到某个理由来为似乎是由这种感觉触发的行动正名——我们得使行动合理化。比如说，如果你属于文化精英，你或许会感到毕加索的画很出色，当得起伟大艺术作品之名。但是如果你不断被灌输毕加索创作了极为出色的绘画，你去观看毕加索的作品，也会感到这些画很伟大，虽然实际上你什么也**感受**不到。所发生的无非是你**认为感受**到了什么。很多人不能全然区别这两者的差异：一种是真正的感觉，是基于实际的，是一个人的整个心理系统对正在发生的事物的真实反映；另一种只是关于感觉的想法，它看上去和真实的感觉很相似，但它不是真实的感觉。

假设一个人内心只有一个实验室，他试图在里面观察，也就是说，观察自己的生活，他会发现他常常坚信自己感觉了一些东西——兴趣、爱、快乐，或其他情绪——这时他拥有的其实是一些关于感觉的念想。

而在很多场合，他的感觉是一种虚假的感觉；他受到的文化灌输暗示他应该这么去感觉；不少情况下他感觉到了“应该感觉”的东西，却不知真正的感觉和虚假的感觉之间是有差别的，虚假的感觉不过是一个念想。

我们说这些虚假的感觉与真正的感觉——真实兴趣、积极参与、热切寻求——相去甚远。如果生活有趣，人就会饶有兴味；否则生活无聊，人就会不遗余力寻求驱逐这种无聊的计策。通常人们在提到令人压抑的无意识说辞时会想到诸如恋母情结或乱伦欲念等等，但我认为也许没有什么比无聊的情绪更令人压抑的了。

现代文化中，无意识的无聊状态占了很大比重，因为人们极为缺乏真实的生活体验，广播电视节目和类似消费项目便大行其道。我们的社会对人们灌输一种观念，即索然无趣是很不体面的，至少是失败的象征，而“成功人士”总有其热衷的某些事物。正因如此，当我们感到无聊时，就必须找兴奋点去替代这种情绪；但在实际中我们所找的兴奋点往往只是受到教义灌输而形成的念想，即某些场合或某些人应该是令人兴奋的。

不难看出上述的兴趣之于无聊问题与老年问题是有关系的，老年人正面临兴趣缺乏但又时间过多的状况。

老年的另一个心理特点是，一个人在暮年的性格常常比在年轻时更接近本真、更率性——年轻时有职业在身，必须笑脸逢迎；丢了工作得去找，找到了又不能再丢。有时人们觉得一个人步入老年，在各方面会自动退化。但这不见得必然是退化的因素。尚未步入老年时，他们有必要在世人面前展现自己活力四射的英姿；到了没有必要故作姿态时，他们流露的退化也许正是长期隐藏之物。

我们都知道在人生的工作阶段，我们中即使不是大部分，也是相当部分的人，会投射一种心理学家有时称为**面具性格**的东西：我们意欲凸显自己个性中与某个正在从事的具体工作最相适宜的一幅画面。但如果他是一位外科医生，一位杰出的外科医生，他毋须刻意表现这种外在的东西，因为首先病人几乎很少接触外科医生，其次病人只关心医生的手术水平是否高，他们不关心医生是否笑容可掬。如果你是钢铁厂里一位熟练技工，你亦同样毋须满脸堆笑，因为你的技术过硬，工友能对你信赖，这才是最关键的。可是在当今大部分职场和专业中，在我们官僚主义盛行的社会里，一个人能不能讨别人喜欢变得非常重要，有时甚至比其技术水平更重要。当然如果你既有才华又讨人喜欢，那简直是个宝；无论如何，言行举止令人产生好感的确是非常重要的。

然而当你不再需要强颜取悦时，为什么不将不豫之色表露出来呢？为什么不最终松口气：这下可以展示出真正的自我了！这样说并不意味世间竟有众多不快之人，只是说有一部分人因年老而卸下面具，因此不能将老年的不甚令人愉快的性格归咎于因衰老而退化。事实上很多老年人第一次感到他们可以无拘无束做回真正的自己。

这种解释不仅适用于那些脾性乖戾者，也适用于一些心地善良的人。如果你在做生意时尽想着给人好处，别人会觉得你脑子有问题；你一定会对此有所觉察，因为别人和你打交道时目光有点异样。结果你开始对内心的善意感到害羞，即使你想将一些商品白送给那些买不起的人，也得压制这种冲动——这种压制也许你自己都不觉得——因为如果你白送东西给人，就算经济宽裕可以这么做，但长期受到社会驯化的结果是你这样做很傻。

而到了老年，你可以回归本真随心所欲地行善，你会摆脱在过去受到的某种社会常态的限制，变成一个更为热心肠的人。

我的意思是说，无论是体现你好的一面还是差的一面，老年人都被赋予机会——而且他们的确也常常利用这个机会——允许自己按照本来的性格生活，而不是为了出人头地展现出某种引人注目的性格。

因此为了真正理解老年人，我认为重要的一点是了解他们性格结构的不同形式——和了解年轻人的性格结构同等重要。我建议对老年人的研究应涉及性格结构以及性格差异层面。有研究发现人群中一个显著的性格差异，是一部分人倾向于**热爱生命**，热爱一切生机勃勃的东西；另一部分人则反其道而行之，倾向于**热衷死亡**，吸引他们的是衰败、无活力的事物。

我在《人心》（*The Heart of Man*）一书中关于这些研究有详细评述，在此仅就上述观点作扼要说明。大部分人相信所有人都是热爱生命的，但实际并非如此。有一小部分人的确更被衰退颓败的东西吸引，而不喜欢鲜活的事物。他们更喜欢所有机械的、无生命的东西。我用了两个词“恋死型”（necrophilia）和“恋生型”（biophilia）来区别这两组不同类型的人。

你有时可以从一位母亲身上观察到前一类人的影子，她喜欢谈论孩子的疾病。如果她的孩子活蹦乱跳地回家，这位母亲是注意不到的，但孩子略有恹恹的神色，她马上就注意到了。当然你会说作为一位母亲注意到孩子身体不适这很正常。但我们还可以看到很多人眉飞色舞地谈论丧葬、死亡、疾病，他们最热衷的话题莫过于他们的病史；而老年人与年轻人相比，有这类倾向的人数又因披上合理外衣而极大地增加了。

当我们日渐衰老，都会关注医药；我们或多或少都会患上一种或几种疾病，很快我们在某几个专科就成了大半个医生——当然我们希望这样的专科越少越好。现在如果我们周围有一个“恋死型”的人，他看到自己患病在身，也许最多只能活十年、十五年，死亡就会日夜萦绕在他心头。他发现他不再需要压制自己的恋死倾向，他现在可以公开地大肆谈论疾病和死亡。他对周围和他一起生活的人不但造成一种烦扰，更造成危险，因为他在以一种具有快意的感觉来散发阴森沉郁的气氛。对他而言，当然不会感到阴森沉郁，这本来就是他津津乐道的话题——疾病和死亡——但是对那些热爱生命的人来说，这无疑是极其可怕的。

倘若你无从得知面对的这种人广义而言是一种病态，你就很容易和他一起陷入阴郁消沉的氛围无法自拔——尤其是当你对这个言必称病痛者抱有同情心的话。

我认为一个人如果关爱老年人，就应该非常清楚这种热衷谈论疾病、死亡、丧葬等话题的现象完全不是老年过程必然出现的结果。大部分情况下，这只是某一类人一生都具有的某种倾向的更无遮拦的表露或显现，也即是说，他们感到兴奋的其实是一件不应该感到兴奋的事情——衰变。

另一个与老年过程有关的心理态度上的差异来自**独立**和**依靠**之间的差异。我们所有人都是独立的。我们有各自的工作，我们不再花父母的钱。但我们又有依靠的一面，比如我们会依靠雇主，会依靠公众舆论，如果你的职业是医生，你很可能有赖于你的病人的满意程度。但无论如何，只要我们能靠本事挣钱养活自己，都会觉得自己是独立的。

可惜，独立或自由并不如想象的那么唾手可得。个人发展的基本问题之一，用心理学术语来说，就是人的个体化问题。一个个体怎样才能成功地从子宫中的胎儿成长为独立的人？

这无疑是一条漫长的道路。显然一个人还在子宫里的时候，不是独立的，即便生理意义的独立也谈不上。当呱呱坠地，其在生理意义上取得了独立，而在心理意义上仍不是独立的。事实上新生儿最初的几周更接近胎儿的状态而非人的状态。一个新生儿必须完全依靠母亲。婴儿不会将母亲视作另一个“人”，彼时母婴以一种共生的形式存在。婴儿是不能区别“**我**”和“**非我**”这些意识的，婴儿的整个世界就是“**我**”。如果母亲期盼她刚满月的孩子对她表示爱意，那委实有点异想天开。事实上，母亲即使期盼周岁的幼儿对自己表示爱意，无疑也属奢望。

这个成为“**我**”的过程是人类发展的基本形式之一；在这个过程中，单独的个人既学会与世界发生关系、对世界发生兴趣，又学会自我独立、对自我生存负责。

有些严重的患者一辈子都未能脱离那种母婴共生的状态。有一类精神病患者无论情感上和实际生活中都希望待在母亲的子宫里，希望与母亲保持这种共生的联系，或者找一个替代母亲角色的人与其保持这种关系。

这些病患达到的成长阶段不同：有的仍停留于吮吸母乳的状态；有的长大些，停留于坐在母亲膝头的状态；有的又长大些，只希望牵着父母的手。我们说只有当一个人完全成熟才称得上独立，也即是说因为其实际上与世界相属，才能站稳脚跟；因为这时的人不隶属于某一个人，而是与世界关联，这种关联是基于其对外部世界的兴趣和爱。一个人只有在这种关联中才谈得上真正独立；但很多人都未能到达这一阶段。

有些人社交能力很强，经济能力也不差，但他们不见得就是独立的。这种缺乏独立性表面上难以看出，因为他们的社会地位掩盖了这一缺陷。有许多商人或专业人士都得依赖他们秘书的意见、妻子的意见或公众的意见，然而他们的意识中却认为自己是非常独立的。

我要着重说明老年与这种性格特征的关系，这和第一个提到的热衷活力还是热衷衰亡的老年问题是非常相似的：人们看到一个老年人显露许多依赖别人的迹象，往往就认定这是他的衰老使然。殊不知这并非衰老，而是这个人固有的依赖型性格使然，只是到了老年他可以更无忌惮地表示而已，因为人们普遍认为老人依赖他人是无可厚非的。这里你可以观察到某种类型的老年人感到无能，感到需要别人来保护他们的全部心理层面的问题。我们的文化使他们在老年找到一个很好的借口，将依赖他人变成了一件堂而皇之的合理事，而全然不觉这种依赖倾向其实在他们三四十岁时就存在，只是那时掩藏在意识深处隐蔽得比较好。

这再次说明我们不能屈从于问题的表面现象，而应该看看它的实质是什么。也即是说一个人的某种性格特征一直都存在，它应该得到矫正，甚至辅以治疗手段，而不是将它作为衰老迹象。

到了老年表露得愈发明显的性格特征差异远不止这两种。另一个例子是人们可能表现的嫉妒。一个人在奋发有为的年轻岁月，嫉妒总是控制住或者压抑住的，因为显露嫉妒会使别人对自己印象不佳。假如一个人现在是个初级经理，他若想晋职就必须掩盖嫉妒这种性格，而且他还得拼命表现得不羡慕任何东西。

然而当这个人步入老年，嫉妒心就会不加掩饰地随处流露——他似乎有了更多令他嫉妒的事物。他可以嫉妒年轻人，甚至嫉妒没有疾病缠身的老年人。这个问题再次说明我们不应被一种假象蒙蔽，认为人到了老年都会加重嫉妒心；其实这种性格特征之所以现在显现，是因为老年给了这种性格特征有意识显现和发泄的机会。他还是过去的他，不曾改变什么。

你也许会问，倘若你的心理剖析有道理，人们对此能做什么？首先，我认为厘清行为表现的成因这一点，就有助于人们针对性格特征本身作出回应和改进——那些看似由于年老而产生的行为表现，它的成因不是年龄，而是出于其固有的、过去藏而未露的性格特征。其次，我想说的是，一个人即便年逾花甲，改变其性格特征仍然为时不晚。一个人在多大程度上改变性格或有多少改变性格的可能性，年龄本身不是主要的影响因素。能否改变性格取决于其是否有生命力、下决心改变的愿望是否强烈、兴趣在什么地方，以及其他许多方面的因素。

有人即便不是故意显得先知先觉，仍会认为二十一岁的年轻人性格形成后是难以改变的，因为其性格中缺乏某些成分，所以不管二十岁还是三十岁，都是一样的——要是无能，就一辈子都无能。但我见到过七十岁的老人脱胎换骨地完全改变了自己的性格，只因他们到了古稀之年生命力依然旺盛；而且他们觉得到了古稀之年，才第一次有机会真正作出改变，重新思考他们想要成为什么样的人。我不相信年老本身必然成为妨碍性格改良的拦路虎。

所以我再次强调的是，一个人不应该被某些看似老年造成的表面现象所蒙蔽，将一些原本就属于此人性格的部分归罪于衰老的结果。而且，老年人不能改变性格的疑虑同样是没有根据的，不能改变性格不是因为年迈，而是因为缺乏意志、缺乏能量、缺乏活力、缺乏勇气。

而且我们还要避免一种情况，如我前述，将老年人转化成一个完全的消费人；我们不应该在老年人本身等待迫近的死神时，教他如何体面地打发剩余的时日。我们应该做的，不是摆出高高在上的架势嫌弃老年人，至少我们对待老年人的态度和对待青年人的态度应该一致。我认为对任何人的贬抑都是不合法理的。如果一个人在生活中遭遇挫败且到头来无法补救，你可能对其充满同情；但我们也可能对许多三四十岁的人就抱有同情，因为我们已经预知他们将来会遭遇挫败且同样无法补救。

这不是一个老年的问题，这是人类生存之道的问题，关乎我们每一个人。我认为很重要的一点是我们应该多思考如何帮助老年人，让他们焕发更多生机，对外部事物产生更大兴趣；社会常常将老年人定位为被动的消费人，我们应该帮他们摆脱这一窠臼。

概括地说，这一领域尚有大量研究需要展开，如同在教育领域一样。其实老年领域和教育领域有很多共通之处。如果一个年轻的学生只将上课看作一件花钱购买的消费，你怎么样引导其转变这一思维，将学习变成一件主动感兴趣的事情？这种现象也存在于老年人。你怎么样帮助老年人变得比过去更具活力，而不是任由他感到活力衰退？我认为这方面的研究定是大有裨益的。怎样唤起一种积极参与的兴趣？是否可以通过座谈、阅读、开始新学一门艺术？或甚至唤起老年人对参与政治的新兴趣？我这里指的政治，不是那种让你读报听新闻，然后人云亦云地附和的政治；而是自我警醒、自我判断，对事件作出自己的分析评判，面对现实，充满责任感的政治；也即是说，对周遭正在发生的事情作出回应，这种回应是人类成员的应尽之责。

总之，老年人和年轻人一样，都应该对周围的世界反应更加敏锐，反应敏锐意味着负责。“反应”和“负责”源自同一拉丁文 respondere（回应）。老年人应该学会将消遣（recreation）变身为再创造（re-creation），这是一种使生活具有创意的新能力——他们并不需要成为画家或诗人，也不需要拥有任何职业，唯一需要的是使自己充盈着活力，对整个世界享有真实和普遍的兴趣。